ことばの仕組みから学ぶ
和文英訳のコツ

開拓社
言語・文化選書
46

ことばの仕組みから学ぶ
和文英訳のコツ

畠山雄二 編

田中江扶
谷口一美
秋田喜美
本田謙介
内田聖二
成瀬由紀雄 著

開拓社

まえがき

　教えてもらいたいのに教えてもらえないこと。そして，教えてやりたいけど教えることができないこと。そんな「えっ，何それ？」と思えるようなことが学校には意外とあったりする。

　代表的なものとしては，（性教育を挙げることができるが，それはコッチに置いとくとして）近現代の歴史教育がまず挙げられるであろう。いろんな「しばり」や「圧力」があって日本の本当の歴史を生徒たちに教えることができなかったりする。自虐史観に彩られた日本の歴史を教え込まされる生徒もかわいそうだが，今ある日本の礎をつくってくれた先人たちに申し訳なく思う次第である。

　それはさておき，こうした「しばり」や「圧力」がなくても教えることができないものが他にもある。しかも子どもたちもちゃんと教えてもらいたいのに教えてもらえない，そんなものがある。こう書いてすぐに思い浮かべるものというと（くどいようだが性教育がそうであるが，それは再度コッチに置いておくとして，）おそらく（今この「まえがき」を書いているのが夏休みであることもあるが）読書感想文なんかを挙げることができるであろう。

　読書感想文を書くのが苦痛でたまらなかった先生が，そもそも，子どもたちに読書感想文の書き方を教えられるわけがないし，そんなノウハウがあるのなら先生のほうが知りたいところであろう。また，生徒にしてみたら，読書感想文の攻略法を先生に教えてもらいたいのだけれど，教えてもらえることといったら，それこそ，役に立たない形式的なことばかりだったりする。そんな状況だから，子どもたちは読書感想に追いたてられる夏休みを過ごすことになるのだ。先生が読書感想文の書き方をちゃんと教えてくれさえすれば，子どもたちはもっと楽しく夏休みが過ごせるというのに…。

　このように，意外なほど，教えてもらいたいけど教えてもらえず，

そして教えてやりたいけど教えることができない，そういったことが学校にはたくさんある。

さて，上で紹介した歴史教育と読書感想文の話しは，これはどちらかというと小中学校といった義務教育で見られるものである。義務教育ではなく高校や大学で見られる，そんな「教えてもらいたいけど教えてもらえず，そして教えてやりたいけど教えることができない」ものといったらどのようなものがあるだろうか。意外と思うかもしれないが，それが，これから紹介する和文英訳（通称，英作文）である。

高校や大学の英作文の授業で，「なんでこれには冠詞を付けなくていいんですか？」と先生に尋ねて，先生から満足のいく答えが得られたことがあっただろうか。また，「この文は他の文型でも書けるはずだけど，この文型じゃないといけない理由ってあるんだろうか...」という疑問に，英語の授業はちゃんと応えてくれるものであっただろうか。

これらは，英作文をする上でブチ当たる，たくさんある疑問のうちのほんの一部であるが，皆さんが英作文をしている時に何気なく思うこういった疑問というのは，実は，難問中の難問であったりするのだ。

難問であるからこそ，普通の英語教師ではまず答えることができない。「えっ!? 英語の先生なのに答えることができないの？」と思うかもしれないが，断言しよう，できない。厳密に言うと，大学受験レベルの英文法の知識でストップしてしまっている教師にはまず答えることができない。もっとストレートにいうと，日本語の文法も英語の文法以上に熟知していないと答えることはまずできない。

和文から英文に直すためには，まず，和文である日本語のしくみについて知らなければならない。そして，訳の英文である英語のしくみについても，日本語のしくみと同じぐらいか，あるいはそれ以上に知っていないといけない。日本語の文法を知っているだけでは

英語に訳せないのは当然だが，英語の文法をそこそこ知っているぐらいでは和文英訳はできないのだ。

　また，和文英訳ではなく和文を介さないでいきなり英文を書く場合でも，上で書いたことはそのままあてはまる。自称英語ができる人や，中途半端に英語を理解している人に限って，「英語で考えていきなり英語で書かなきゃダメよ」といったりする。でも，英検で1級をもっていたり，TOEICで満点をとるぐらいの人ならともかく，そうではないのであれば，そういったプロパガンダは真に受けないほうがよい。

　私たち日本人は，バイリンガルでもない限り，日本語から離れることはできない。日本語で考え，日本語で感じている民族，それが日本人であるのだ。英語で考えたりいきなり英語で書くというのは（よほどの英語の達人でもない限り）不可能である。日本語を間に挟まない限り，英語で考えたり書いたりすることは（バイリンガルでもない限り，そして簡単な表現でもない限り）できはしない。

　矛盾した言い方をするようだが，英語で考えて，そして英語でいきなり書けるぐらいになるためにも，日本語という言語がどういった言語であるのかよく知っておかないといけない。

　英作文をしていて，なぜ自分の英作文に自信がもてないかというと，自分の英文法の知識に自信がないことと合わせて，日本語の文法の知識が皆無であるからだ。同じく，なぜ英語の先生は学生の質問にストレートに答えることができないかというと，それは，英文法の知識が十分でないばかりか，日本語の文法の知識が学生と同程度であるからだ。

　英作文の指導をする人に適任者はいない，というのが今日の英語教育の現状である。上でいう「適任者」の中には，もちろん，英語ネイティブも含まれる。というか，パラドキシカルな言い方に聞こえるかもしれないが，実は，英語ネイティブこそ英作文の指導には向いていないのだ。

　ネイティブだからどれがまともな英語でどれがまともな英語では

まえがき　vii

ないかはすぐにわかる。ちょうど日本人なら,「誰はこのギターをぶっ壊したの？」がダメなのかすぐにわかるように。ただ,ここで気をつけてもらいたいのだが,私たち日本人は,余程の文法オタクでもない限り,なぜ「誰はこのギターをぶっ壊したの？」がダメなのかうまく説明できないように,英語ネイティブもまた,ダメな英語がなぜダメなのか説明することはまずできないのだ。せいぜい「英語とはこういうもんなんだよ」と言いくるめられておしまいである。

英語ネイティブは,言語学の研究者でもない限り,日本語の文法については,日本人同様よく分かっていないし,ましてや日本語の微妙なニュアンスを理解することもできない。そのようなこともあり,英作文の指導者として真っ先に排除されるべきは,実は,意外に思われるかもしれないが,英語ネイティブであるのだ。

これらのことからおわかりのように,英作文を教える適任者は,日本人で,しかも英文法はもちろんのこと日本語文法にも精通している人であったりする。しかし,そういった人はそうめったにいるものではない。

そこで登場したのが本書である。

本書は,そのような「適任者」を執筆陣に構え,まさに日本語と英語を比較するような形で,和文英訳の裏技と極意を伝授した本となっている。しかも,見出し（セクション・タイトル）が悪い英訳と正しい英訳をセットにして出されていることもあり,英作文をする上での「つまずき」のポイントが一目でわかるようになっている。さらに,どの見出しも,英作文をするとなると頭を抱えてしまうようなものばかりとなっている。それに,教師の側からしてみると,どれもどう教えたらいいか悩んでしまうものばかりのものになっている。

以上のことからもわかるように,本書は,高校生や大学生ばかりでなく,英語教師にも非常に役に立つ,そんな喉から手が出るほど知りたい情報がてんこ盛りの本である。

本書を手にとった学生諸君や教員の皆さんには，これを機に「和文英訳とは何か」という問いにちゃんと答えられるようになってもらえたらと思う。そして，その副産物として，和文英訳の逆の操作である英文和訳のノウハウを自らの手でマスターしていただけたらと思っている。

　読者諸氏の健闘を祈る。

　2014 年 3 月

畠山　雄二

目　　次

まえがき　*v*

第1章　生成文法から学ぶ和文英訳のコツ ………………………… *1*

1　僕は佳祐がかけてみたメガネが気に入っている。　*2*
2　化学の学生は物理の学生より背が高かった。　*4*
3　正直に言うと，恵里香は佳祐にウソをついた。　*6*
4　マックはリサがどこに行くかを尋ねた。　*8*
5　John の噂を聞いて，John は頼りになるとわかった。　*10*
6　10 時の会議　*12*
7　このスタジアムは 4 分で人がはけることができる。　*14*
8　誰も返事をしなかった。　*16*
9　太郎は先生を尊敬し，花子は軽蔑している。　*18*
10　ジョンはメアリーに 10 ドルあげ，ビルは 20 ドルあげた。　*20*
11　僕は彼女に泣かれた。　*22*
12　ラジオが直った。　*24*
13　頭が痛い。　*26*
14　その本は丸善にある。　*28*
15　彼女はとても素晴らしい女優だ。　*30*

第2章　認知言語学から学ぶ和文英訳のコツ ………………… *33*

16　彼は市長に選ばれた。　*34*
17　何人かの生徒はまじめだ。　*36*
18　彼のことをよく知っている。　*38*
19　私は 3 年間経済学を勉強している。　*40*
20　この映画は退屈だ。　*42*
21　大きな地震が起こった。　*44*

22 今日は英語の授業がある。　*46*
23 太郎は週3で指導教官に会った。　*48*
24 太郎は図書館に本を返した。　*50*
25 父はジョンFケネディーに似ている。　*52*
26 太郎は次郎と連絡をとった。　*54*
27 飛行機はサンフランシスコに戻った。　*56*
28 年末までにプロジェクトを終えます。　*58*
29 太郎はロサンジェルスでTシャツを買った。　*60*
30 太郎はおとなしそうだが，実際おとなしい。　*62*

第3章　日本語文法から学ぶ和文英訳のコツ ·················· *65*

31 太郎の車は，花子のより小さい。　*66*
32 太郎は泥棒が逃げるところを捕まえた。　*68*
33 私は手を洗った。　*70*
34 太郎は花子に本を借りた。　*72*
35 太郎は新幹線で京都まで行った。　*74*
36 太郎はみんなから愛されている。　*76*
37 あゆはバラードから歌った。　*78*
38 部屋の掃除をしてから，テニスをします。　*80*
39 大人になったら何になるつもりですか。　*82*
40 太郎はその物語を花子に話した。　*84*
41 山田は私が間違っていますと言った。　*86*
42 ジョンは日本にくるまえに，日本語を習得していた。　*88*
43 そう考える人は多い。　*90*
44 太郎だけがその本を読んだ。　*92*
45 その赤ちゃんは父親に似ている。　*94*

第4章　語用論から学ぶ和文英訳のコツ ·················· *97*

46 （友人が結婚することをはじめて知って）えっ，そうなの。聞いてなかったわ。　*98*
47 （汚い子ども部屋を見て）うわっ，なにこの散らかしよう。どう

なっているんだ。　*100*

48　加藤先生，俺の顔色が悪いよ。　*102*

49　（医者にメタボといわれて妻に）俺メタボだって。ダイエットをはじめなきゃ。　*104*

50　（3人以上の子どもがいれば児童手当が支給されると聞いて）太郎のところには3人以上子どもがいる。　*106*

51　（金曜日に発話したとして）妹のジェーンが来週の月曜日結婚します。　*108*

52　（'You're ....'といいはじめて，相手の名前を思い出せずにいいよどんでいたところ，相手に'James Bond.'といわれて）そうでした。James Bondさんでした。　*110*

53　（部下が上司に）すぐにお出かけになるのがよいと思います。　*112*

54　（学生が先生に）こちらにきていただけませんか。　*114*

55　（タクシーで降り際に）おつりはとっておいてください。　*116*

56　（電話が遠くなって）もしもし聞こえる？　*118*

57　（電話で'Can you come here right now?'といわれて）今すぐ？わかった，行くよ。　*120*

58　この件についての返事はまだいただいておりません。　*122*

59　今朝渋谷で旧友と偶然出会いました。　*124*

60　（隙間から部屋の中をのぞいている人に「なにか見える？」と聞かれて）テーブルの上にワインが数本，それにチーズ，パンがある。　*126*

第5章　実務翻訳から学ぶ和文英訳のコツ ……………………… *129*

61　ジャズって，おっさんのやるものだべぇ。　*130*

62　飛ばねぇ豚は，ただの豚だ。　*132*

63　月にかわっておしおきよ。　*134*

64　静まれ，静まれ！　この紋所が目に入らぬか！　*136*

65　ショ，ショ，ショジョジ，ショジョジの庭は，
　　　つん，つん，つきよだ，
　　　みんな出て，こい，こい，こい。　*138*

- **66** (海外での技術研修中の会話)「(外国人研修生) これでいいですか?」「(日本人の先生) はい, それでいいと思いますよ」 *140*
- **67** (ビジネスメールの出だしとして) いつもお世話になっております。 *142*
- **68** ご返信の程をどうぞよろしくお願い申し上げます。 *144*
- **69** 警察はその事故を調査した。 *146*
- **70** 石油会社の収益が回復してきた。10社のうち8社が増益, 2社が黒字転換する見込みだ。 *148*
- **71** 春はあけぼの *150*
- **72** 閑さや岩にしみ入る蝉の声 *152*
- **73** 願はくは花の下にて春死なん そのきさらぎの望月のころ *154*
- **74** 親ゆずりの無鉄砲で, 小供の時から損ばかりしている。 *156*
- **75** 智に働けば角が立つ。 *158*

あとがき……………………………………………………… *161*

参考文献……………………………………………………… *165*

索　　引……………………………………………………… *169*

執筆者紹介…………………………………………………… *173*

第 1 章

生成文法から学ぶ和文英訳のコツ

　「赤い円は青い円よりも大きい」という文は，'The red circle is bigger than the blue *one*.' と代名詞の one を使って英訳できる。しかし，「化学の学生は物理の学生よりも背が高い」という文は，'The chemistry student is taller than the physics *one*.' とは英訳できない。この章では，正確な和文英訳をするために必要な生成文法の知見を紹介する。さらに，和文英訳においては，英語らしい自然な英文を書くことも重要となる。例えば，「スープが**冷めない**ようにして」という文の自然な英訳は '**Keep** the soup **hot**.' となる。日本語では「冷めない」と表現するところを，英語では「温かい状態に保つ」とするのが自然な表現となる。このように，英語らしい自然な和文英訳ができるためにも，この章では意味論や機能論の知見も紹介していく。

1 僕は佳祐がかけてみたメガネが気に入っている。
× I like the glasses on which Keisuke tried.
○ I like the glasses which Keisuke tried on.

「年をとればとるほど，病気にかかりやすくなる」という文は次のように英訳できる。

(1) The older we get, the greater the chance of illness.

(1) にあるように，"The +比較級, the +比較級" という「公式」を用いると簡潔に英訳できる。しかし，冒頭の文は「公式」を知らなくても英訳できる。

(2) As we grow older, we get sick more often.

このように，学校で習う「公式」を知らなくても英訳はできるが，英語を書く上で知らないと困ることもある。その1つが**文中での結びつき**である。

(3) Sandy looked over the table.

(3) は over がどの**要素と結びつく**かによって，意味が違ってくる。

(4) a. Sandy looked [**over the table**]. (テーブルの向こう)
    b. Sandy [**looked over**] the table. (調べる)

(4a) のように over が the table と結びつくと，「テーブルの**向こうを見た**」という意味になる。一方，(4b) のように over が動詞 look と結びつくと，「テーブルを**調べた**」という意味になる (look over = examine)。言い換えれば，(4b) の look と over は「切り離せない」くらい結びつきが強いことになる。そのため，(5) のように over the table を look から切り離して文頭に出した場合は，(4a) の意味（「テーブルの向こう」）にしかならない。

(5) Over the table, Sandy looked.

　この**結びつきの強さ**を考慮に入れることで，的確な英訳が可能となる．まず，「ここが彩乃が働いている会社です」という文の英訳を見てみよう．

(6) a.　This is the office *which* Ayano works *in*.
　　b.　This is the office *in which* Ayano works.

この場合，前置詞 in は (6a) のように文末に「残す」こともできるし，(6b) のように関係代名詞 which の前にもってくることもできる．なお，後者のほうが少し改まった，書き言葉的な感じになる．このことを念頭において，「僕は佳祐がかけてみたメガネが気に入っている」という文の英訳を考えてみよう．「かけてみた」というのは「試着した」ということであるから，try on が使える．よって，(7) のように英訳できる．

(7)　I like the glasses *which* Keisuke tried *on*.

この場合も，関係節の中に前置詞 on が使われているため，前置詞 on を関係代名詞 which の前にもってこれそうであるが，実際はダメである．

(8)　*I like the glasses *on which* Keisuke tried.　(cf. (6b))

(8) がダメなのは try on で「試着する」という意味を表すため，try と on の結びつきが強くて切り離せないからである (cf. (4b))．

　「公式」を知らなくても英訳はできる．しかし，「結びつきの強さ」を知らないと的確な英訳はできないということを覚えておこう．

2 化学の学生は物理の学生より背が高かった。
　×**The student** of chemistry was taller than **the one** of physics.
　○**The chemistry student** was taller than **the physics student**.

　「その部屋は私が泊まった部屋に似ていた」という文を英語に「直訳」すると次のようになる。

(1)　**The room** was similar to *the room* which I stayed in.

しかし，英語は日本語と違って同じ名詞の繰り返しは避ける。つまり，代名詞が使われるわけであるが，(1) では it は使えない。なぜなら，主語の the room と 2 番目に出てくる the room (which I stayed in) は同じものではないからである。(1) のように**同じ種類のものを表す場合は代名詞の one が使われる** (the one の場合は that も可能)。

(2)　**The room** was similar to {the *one* / *that*} which I stayed in.

　英訳をする際に注意すべきことは，**one は可算名詞の代わりをする**ということである。そのため，rice のような不可算名詞の場合は one では置き換えられない。

(3)　Japanese **rice** is more expensive than American *rice*.
　　（日本の米はアメリカの米より高い）

one が可算名詞に対応することは，複数形 (ones) になることからも明らかである。

(4)　Every up **train** was full and most down *ones* were empty.
　　（上り電車はどれも満員で，下り電車はたいてい空だった）

　さらに，one で置き換える際には**他の要素とのつながりの強さ**も考慮に入れる必要がある。

(5) a. The **student** with short hair was taller than the *one* with long hair.（髪の短い学生は髪の長い学生より背が高かった）
　b. ***The student** of chemistry was taller than {the *one* / *that*} of physics.（化学の学生は物理の学生より背が高かった）

（5a）では one の後ろに with long hair がきているが，髪の長さというのは学生に限らずどんな人にも付け加えられる「追加情報」である。よって，student と with long hair とのつながりは弱いことになる。このような場合，student を one で置き換えることができる。一方，（5b）では one の後ろに of physics がきているが，学生の専攻というのは学生に直接かかわる，つながりの強い情報である。よって，student of physics で 1 つの「ユニット」を形成していると考えられるため，その一部である student だけを one で置き換えることはできない。さらに，**代名詞の that は人間には使えない**ので，（5b）では student を繰り返すしかないが，より自然な英文は（6）のようになる。

(6) 　The chemistry student was taller than the physics student.

このように，**名詞と他の要素とのつながりが強い場合は名詞だけを one で置き換えることはできない**。このことは，（6）のように physics を形容詞的に使っている場合にも当てはまるため，（6）の文末の student を one で置き換えると不自然な文になる。

(7) ??The chemistry **student** was taller than the physics *one*.

これに対して，どのような物にも使える（＝追加情報を表す）色を表す形容詞の場合は名詞とのつながりが弱いため，one での置き換えが可能である（例：The red **circle** is bigger than the *blue one*.）。

名詞と他の要素とのつながりの強さを考慮に入れることで，代名詞 one を適切に使えるということを覚えておこう。

3 正直に言うと，恵里香は佳祐にウソをついた。
×Erika lied to Keisuke frankly.
○Frankly Erika lied to Keisuke.

「ハルカが結婚したというのは本当ですか」という文は次のように英訳できる。

(1) Is it true that Haruka got married?

しかし，上の文は副詞 really を使うと，もっと簡潔に書ける。

(2) Did Haruka *really* get married?

このような「副詞の効果的な使い方」は英作文関係の本で扱われているが，意外と扱われていないのが**副詞の位置**である。

(3) a. *Unfortunately* I had no money with me yesterday.
    (あいにく，昨日は一銭も持ち合わせがなかった)
   b. Ryosuke writes English *easily*.
    (遼介は英語を**すらすらと**書く)

(3a, b) では副詞の位置が異なるが，これは**副詞の種類**が異なるからである。具体的にいうと，(3a) の unfortunately は「あいにく」という**話者の気持ち**を表し，(3b) の easily は「すらすらと」という**動作の様態**を表す。このように，副詞の種類によって位置が決まっているため，英訳の際には以下のルールを覚えておく必要がある。

(4) i. 文頭： 話者の気持ちを表す副詞
   ii. 文末： 動作の様態を表す副詞

(4) のルールを知っていると，「正直に言うと，恵里香は佳祐にウソをついた」という文の英訳は (5a) であって (5b) ではないことがわかる。

(5) a. *Frankly* Erika lied to Keisuke.
    b. *Erika lied to Keisuke *frankly*.

(5a) のように frankly が文頭に置かれると話者の気持ちを表す (= (4i)) ため,「正直に言うと」という意味になる。しかし, (5b) のように frankly を文末に置くと動作の様態を表す (=(4ii)) ため,「正直にウソをついた」という意味的に矛盾した解釈になってしまう。

　しかしながら, 副詞は文頭や文末だけではなく, (2) のように文中 (基本的には動詞の前) にも置かれる。この位置は基本的に副詞の種類に関係なく副詞を置くことができるため, 副詞によっては意味が曖昧になることを知っておく必要がある。

(6) Manabu *rudely* asked Yumi's number.

(6) の文は rudely が話者の気持ちを表す解釈 (「**失礼にも**, 学は由美の電話番号を聞いた」) と, 動作の様態を表す解釈 (「学は由美の電話番号を**失礼な態度で**聞いた」) の2つが可能であり, どちらであるかは文脈で判断することになる。

　最後に高度なテクニックを1つ紹介する。「ジョンは腹が立ったので, 彼らを怒鳴った」という文は次のように英訳できる。

(7) John *angrily* shouted at them.

心理状態(=喜怒哀楽)**を表す副詞が文中に置かれると主語の心理状態を表すため**, (7) では John が怒っていることを意味する。つまり,「ジョンは腹が立ったので」という部分は because 節を使わなくても書けるのである。副詞をうまく「配置」することで, 複雑な日本文も簡潔に英訳できることを覚えておこう。

4 マックはリサがどこに行くかを尋ねた。

×**Mack asked where was Lisa going.**
○**Mack asked where Lisa was going.**

「マックはリサがどこに行くかを尋ねた」という文を英訳すると，(1a) ではなく (1b) になる。

(1) a. *Mack asked where **was Lisa** going.
　　b. 　Mack asked where **Lisa was** going.

英語の疑問文では，Where **was Lisa** going? のように**主語と助動詞の倒置**が起こるが，(1b) の場合はなぜ where の後で主語と助動詞の倒置が起こらないのだろうか。実は，ここには英訳をする際に使える「ルール」が隠されている。

まず，(1b) の動詞 ask の性質から見ていこう。

(2) a. 　Mack asked *how old she is*.
　　b. 　Mack asked *her age*.

(2a) は「マックは彼女が何歳かを尋ねた」という意味を表すが，(2b) のように書いても同じ意味を表すことができる。つまり，(2a) の how old she is は疑問文というより，(2b) の her age と同じく，動詞 ask の目的語として機能しているといえる。よって，英語には (3) のルールがあることになる。

(3) 　主語と助動詞の倒置を起こさない wh 疑問文は名詞的に使える。

(3) のルールを用いた英文はいたるところで見られる。とくに，what を用いた文はよく使われる。

(4) 　The future depends on *what we do in the present*.

(4) はガンディーの言葉であるが，what **do we** do in the present?（「現在何をしているか」）という疑問文が倒置を起こさないことで「現在していること（=our present act）」という名詞的な意味で使われている。

この (3) のルールを応用することで，英訳に幅が出てくる。例えば，「そのいきさつを知らない」という文の下線部分は「どのように起こったか（how **did it** come about?）」という疑問文として考えた上で，(3) のルールを使えば，次のように英訳できる。

(5)　I don't know *how it came about.*

また，「こんなに疲れたことってないよ」という文の下線部分は「いつこれ以上の疲れを感じたか（when **have I** felt more tired?）」という疑問文として考えた上で，(3) のルールを使えば，次のように英訳できる。

(6)　I don't know *when I've felt more tired.*

疑問文が名詞的に使われるのは，日本語も同じである。

(7)　マックはリサがどこに行くかを尋ねた。

(7) は冒頭の文であるが，「どこに行くか」という疑問文に「を」がつくことで動詞「尋ねる」の目的語として機能している。その証拠に，(7) の下線部は「行き先」という名詞を使っても表現できる（cf. 行き先を尋ねた）。つまり，疑問文が名詞的に使われる際に，英語では倒置を起こさないという方法（=(3)）をとるが，日本語では助詞（「を」）を用いるという方法をとるという違いがあるだけなのである。

英訳が難しい名詞表現は，疑問文に読みほどいた上で (3) のルールを使うと簡単に英訳できる場合があることを覚えておこう。

5 Johnの噂を聞いて，Johnは頼りになるとわかった。
×I heard the stories of John, and found him reliable.
○I heard the stories of John, and found that he was reliable.

---

(1)の英文は少女の叫び声を**直接聞いた**ことを表している。

(1) I heard a girl scream.

しかし，(2)のようにthat節を用いると，少女が叫んだことを**間接的に**(=人づてに)**聞いた**ことになる。

(2) I heard that a girl screamed.

実は，直接聞いたのか，間接的に聞いたのかという(1)と(2)の違いは，動詞hearと名詞a girlの**距離の違い**から捉えることができる。(1)ではa girlはhearの目的語であるが，(2)のようにthat節が使われている場合は，a girlはscream(叫ぶ)の主語である。このことは，(1)と(2)のa girlの代わりに代名詞を用いると明確になる。

(3) a. I heard **her** scream. ［目的語］ (cf. (1))
    b. I heard that **she** screamed. ［主語］ (cf. (2))

よって，(1)ではhearとa girlは直接結びついているといえるが，(2)では両者の結びつきは間接的であるといえる。つまり，文中での距離の違いが，聞き方が直接的か間接的かという意味の違いにつながるのである。

このことは，同じ知覚動詞であるseeの場合により明確になる。

(4) a. Mary saw **him** dead.
    b. Mary saw that **he** was dead.

(4a)のようにseeが目的語のhimをとっている場合は，彼の死体

を**直接見た**ことを表すが，(4b) のように see が that 節をとっている (=see と he の結びつきが間接的である) 場合は，彼が死んだことを**知った**という意味になる。つまり，(4b) の see は直接見るという知覚動詞の意味が薄れ，(間接的に) 知るという認識動詞になっている。

　以上のことを踏まえて，「John は頼りになるとわかった」という文を英訳してみよう。

(5) a.　I found him (to be) reliable.
　　b.　I found that he was reliable.

(5a) のように英訳した場合は，find が目的語の him をとっているため，彼に**直接会って判断を下した**というニュアンスが出る。これに対して，(5b) のように that 節を用いて英訳した場合は，噂などから**間接的に判断を下した**というニュアンスが出る。よって，(6a) のような文脈では (5a) が使われ，(6b) のような文脈では (5b) が使われることになる。

(6) a.　<u>I personally talked with John</u>, and **found him reliable**.
　　　(個人的に話してみると，John は頼りになるとわかった)
　　b.　<u>I heard the stories of John</u>, and **found that he was reliable**. (John の噂を聞いて，John は頼りになるとわかった)

　高度なテクニックとして，(6a) の文脈であえて that 節を用いると，さらに微妙なニュアンスを出すことができる。

(7)　<u>I personally talked with John</u>, and **found that he was reliable**.

(7) は「John の噂を聞いて，あまり頼りにならないと思っていたが，実際に話してみると，意外に頼りになることがわかった」というニュアンスが出る。文中での距離の違いを意識することで，微妙なニュアンスの違いを出す英訳が可能になることを覚えておこう。

6 10時の会議
× the meeting of 10 a.m.
○ the meeting at 10 a.m.

よく英語の参考書などで指摘されるのは，必ずしも「の=of」ではないということである。

(1) a key **to** the door（ドアの鍵），lectures **on** chemistry（化学の講義），students **at** Shinshu University（信州大学の学生）

しかし，(1) はすべて of も可能である。ただし，**of を使った場合は所有や所属の意味が強調される**。例えば「信州大学の学生」の英訳で，(1) のように at を用いた場合は「信州大学にいる他大学の学生」という解釈も可能となるが，of を用いると「信州大学所属の学生」という意味にしかならない。この点をおさえておけば，明らかに所有や所属を表さない場合は of が使えないと判断できる。

(2) a letter {**in**/*of} English（英語の手紙），my uncle {**in**/*of} Nagano（長野の叔父），the meeting {**at**/*of} 10 a.m.（10時の会議）

所有や所属の関係はアポストロフィ s ('s) を使っても表すことができる。

(3) a. Mary's brother = the brother of Mary（メアリーの兄）
 b. the book's cover = the cover of the book（本のカバー）

参考書の中には，(3b) のように無生物 (book) にアポストロフィ s をつけるのは好ましくないとしているものもあるが，表現としては問題なく容認される。(3b) の the book's cover が避けられる1つの要因としては，わざわざアポストロフィ s をつけなくても，the book cover のように名詞を並べてシンプルに書けることがあげら

れる。

しかし、(4) の場合は of で書き換えると容認性が下がる。

(4) a.　**Mary**'s *car* = ?the *car* of **Mary**（メアリーの車）
　　 b.　the **cat**'s *basket* = ?the *basket* of the **cat**（猫のカゴ）

書き換えが可能な (3) では「同じ種類」のもの ((3a) では人間 (Mary, brother)、(3b) では無生物 (book, cover)) が使われているのに対して、(4) では人間 (Mary) と (人間以外の) 生物 (cat) と無生物 (car, basket) が入り混じっている。このような場合の所有や所属の関係を表すには、(5) の**意味上の順位付け**を考慮に入れる必要がある。

(5)　人間 ＞ 生物 ＞ 無生物

(5) は左にあるものほど先にくることを表している。そのため、(4a) の the car of Mary のように無生物 (car) が人間 (Mary) よりも先にきているものや、(4b) の the basket of the cat のように無生物 (basket) が生物 (cat) よりも先にきているものは容認性が下がる。

(5) を踏まえると、「ジョンのもっている絵が盗まれた」の英訳は (6a) であって (6b) ではないことがわかる。

(6) a.　John's picture was stolen.
　　 b.　The picture of John was stolen.

(5) の順位付けが関係するのは、(6a) のように所有を表す場合である。よって、(6b) のように picture（無生物）が John（人間）より先にきている場合は所有の意味ではないことになる。事実、(6b) の The picture of John は「ジョンが描かれている絵」という解釈になる。(5) の順位付けを知っておくと、of を適切に使った英訳ができることを覚えておこう。

第 1 章　生成文法から学ぶ和文英訳のコツ

7 このスタジアムは 4 分で人がはけることができる。
×This stadium is able to be emptied in 4 minutes.
○This stadium can be emptied in 4 minutes.

「私はフランス語を話すことができる」は can か be able to を使って，次のように英訳できる。

(1) I {can / am able to} speak French.

しかし，(1) で be able to を使った場合は自慢しているように聞こえることがある。このようなネイティブがもつ「感覚」をつかむのは非常に難しいが，この「感覚」をつかめば自然で適切な英訳が可能になる。そのための 1 つの「対策」として，**単語のコアな意味をおさえる**という方法がある。例えば，(1) の able の基本的な意味は，名詞形が ability であることからも「能力」であるといえる。そのため，(1) で can ではなく be able to を使うと話せるという「能力」を強調することになるため，場合によっては自慢していると受け取られることになる。

このように，be able to が基本的に「能力」を表すことをおさえていると，be able to を適切に使うことが可能となる。まず，次の (2) にあるように，「能力」を表す be able to は「推量」を表す can とはそもそも言い換えができない。

(2) That {cannot / *is not able to} be Mary because she is in hospital.（入院中なので，あれはメアリーではありえない）

次に，「能力」を表す be able to は，自ら能力を発揮できない無生物主語とは（基本的に）使われない。そのため，「このスタジアムは 4 分で人がはけることができる」という文を，無生物の this stadium を主語にして英訳した場合，can は使えるが be able to は使えない。

(3) This stadium can be emptied in 4 minutes.
    (cf. *This stadium is able to be emptied in 4 minutes.)

　さらに踏み込むと，be able to は「能力」を表すため，行為ができたという**行為の実現性**まで含意する。このことをおさえていると，can と be able to の微妙な使い分けも可能となる。まず，「あの頃は車をもっていたので，気軽に旅行に行くことができた」という文の英訳を考えてみよう。この場合，実際に旅行できたことを述べているというよりも，車があるので旅行に行こうと思えば行けたという意味を表している。つまり，行為の実現性がそれほど強調されていないため，be able to よりも can を使うほうが自然となる。

(4) In those days we had a car, so we **could** travel very easily.

では，「麻沙は絵を描いているとき，他のことをすべて忘れることができた」という文の英訳はどうなるだろうか。この場合は，絵を描くことで実際に忘れることができたという行為の実現性が強調されているので，can よりも be able to を使うほうが自然となる。

(5) When she painted, Masa **was able to** forget everything else.

　ネイティブによると，「問題を解くことができたが，解かなかった」という文を (6a) のように英訳することは理屈的には可能であるが，普通は (6b) のようにいうとのことである。

(6) a. He **was able to** solve the problem, but he didn't solve it.
    b. He *could have solved* the problem, but he didn't solve it.

(6b) のほうが自然なのは，(6a) のように be able to を使うと，行為の実現性（「実際に解いた」）まで含意してしまうからである（cf. (5)）。機械的な英訳ではなく，自然で使える英訳を可能にするためにも，単語のコアな意味をおさえることが重要であることを覚えておこう。

8 誰も返事をしなかった。
×**Anyone** did **not** reply.
○**No one** replied.

「このケーキは失敗作だ」という文の英訳を考えてみよう。

(1) I can show **no** one this cake.

(1) は主語を「このケーキ」ではなく「私」にして、「誰にもこのケーキを見せられない」と少し「ひねり」を加えた英訳である。この場合、文法としては '**no = not + any**' が成り立つので、(1) は (2) のようにも書ける。

(2) I can**not** show **anyone** this cake.

しかし、英訳をする際には、'no = not + any' が常に成り立つわけではないことを知っておく必要がある。例えば、「誰も返事をしなかった」を英訳する場合は any が使えず、no を用いるしかない。

(3) a. **No** one replied.
　　b. ***Anyone** did **not** reply.

このことは意外と知られていなく、(1) と (2) の書き換えが可能なため、(3b) も OK だと考える学生もいる。(3b) がダメなのは、英語には (4) のルールがあるからである。

(4) 'no = not + any' は any が not より後ろにくる場合に成り立つ。

(4) のルールを知っていると、any には「もう1つの意味」があることがわかる。

(5) **Any** gentleman would **not** use such language.

(5) では any が not より前にきているため，(4) のルールから no gentleman という意味を表すことはできない。では，(5) はどのような意味になるかというと，「**紳士なら誰だってそのようなことば使いはしないだろう**」という意味になる。つまり，every gentleman（「紳士ならみんな」）に近い意味を表すのである。このような any は肯定文でもよく使われる。

(6) a.　**Any** suggestion is welcome.
　　　　（**どんな**提案でも結構です）
　　b.　Come to see me **any** time.
　　　　（**いつでも**会いにきてください）

このように，any には not とペアになって no という意味を表す用法と，every に近い意味を表す用法の2つがあることになる。

　さらに，no を使った場合は文の解釈が曖昧になることがあるため，英訳をする際には注意が必要である。例えば，「彼らは何もケンカしていない」という文は (7a) と (7b) の両方の英訳が可能である。

(7) a.　They're fighting about **nothing**.
　　b.　They're **not** fighting about **anything**.

しかし，(7a) の nothing の場合は「つまらないもの」という名詞としての意味もあるため，「彼らは**つまらないことで**ケンカしている」というまったく逆の解釈も可能となる。これに対して，(7b) のように 'not + any' を使って英訳すると，文全体を否定する意味（「ケンカしていない」）しか出ないため，曖昧さを避けることができる。

　'no = not + any' のような「書き換え」が可能な場合，書き換えをするためのルールや，書き換えた場合の解釈の違いをおさえておくことで，的確な英訳が可能になることを覚えておこう。

9 太郎は先生を尊敬し，花子は軽蔑している。

×Taro respects the teacher, and Hanako despises.
○Taro respects, and Hanako despises the teacher.

英語と日本語では「省略」に関して大きな違いがあるので，英訳の際には注意が必要である。

(1) ナミが僕のペンを欲しがっていたので，あげた。

(1) の下線部は「**僕はナミに僕のペンを**あげた」という文の太字の部分がすべて省略されている。しかし，(1) を「直訳」した (2a) はダメで，(2b) のように代名詞を用いないといけない。

(2) a. *Nami wanted my pen, so gave.
　　b. Nami wanted my pen, so **I** gave **it** to **her**.

つまり，英語には (3) のルールがあることになる。

(3) 英語では名詞(句)を省略しないで代名詞を使う。

(3) のルールを踏まえ，(4) の日本文の英訳を考えてみよう（文中の「ϕ」は省略を表す）。

(4) 太郎は先生を尊敬し，花子は ϕ 軽蔑している。

(4) にあるように，日本語では前に出てきた名詞句（「先生を」）を後ろの文で省略できるが，英語では (3) のルールがあるため，代名詞を使わなければならない。よって，(4) の英訳は (5a) ではなく (5b) になる。

(5) a. *Taro respects the teacher, and Hanako despises ϕ.
　　b. Taro respects the teacher, and Hanako despises **him**.

実は，(4) は (5b) のように代名詞を使わなくても英訳できる。

(6)　Taro respects, and Hanako despises the teacher.

(6) では，一見，動詞 respect の目的語 (the teacher) が省略されているように見える (Taro respects ϕ, and Hanako despises <u>the teacher</u>.)。しかし，**省略は同じものが後ろに現れた場合に省く操作であるため**，(6) は省略とは考えられない。事実，(4) のように省略を「多用」する日本語においてさえ，前にあるものを省略した (7) は許されない。

(7) *太郎は ϕ 尊敬し，花子は<u>先生</u>を軽蔑している。

　(6) は省略ではなく，**共通項の取り出し**なのである。(6) の文がどうできるかを図示すると，次のようになる ((8) の下線は the teacher があった場所を表す)。

(8)　[Taro respects ＿＿ , and Hanako despises ＿＿] the teacher.
　　　　　　　　　　　　共通項

(8) にあるように，共通の目的語 (the teacher) を外に取り出すと (6) になる。つまり，英語には (9) のルールがあることになる。

(9)　英語では共通項を文末に取り出すことができる。

　(9) は名詞(句)以外にも適用できる，応用がきくルールである。例えば，「晃は激しく<u>泣き</u>，将志はそっと<u>泣いた</u>」という文は共通項の動詞 cry を文末に取り出すことで，次のように英訳できる。

(10)　Akira bitterly, and Masashi softly cried.
　　　　([Akira bitterly ＿＿ , and Masashi softly ＿＿] cried.)
　　　　　　　　　　　　　共通項

(9) のルールを使うことで，より洗練された英訳が可能になることを覚えておこう。

10 ジョンはメアリーに **10** ドルあげ，ビルは **20** ドルあげた。
×John gave Mary $10, and Bill $20.
○John gave Mary $10, and Bill gave her $20.

「萌子はハムレットを読み，祐介はリア王を読んだ」は次のように英訳できる（文中の「φ」は省略を表す）。

(1) Moeko **read** *Hamlet*, and Yusuke φ *King Lear*.

(1) にあるように，英語では同じ動詞（read）が繰り返される場合，後ろの動詞を省略できる。さらに，次の例を見てみよう。

(2) Pride **relates more** to our opinion of ourselves; vanity φ to what we would have others think of us.
   （自負は自己評価により関係し，自惚れは他人に自分をどうみてもらいたいかということのほうにより関係している）

(2) は Jane Austen の言葉であるが，繰り返しを避けるために，後ろの文で動詞 relates とともに more も省略されている。つまり，英語では**動詞＋αの省略も可能**であることがわかる。

しかし，動詞＋αの省略は無制限にできるわけではないため，英訳の際には注意が必要である。例えば，「ジョンはメアリーに 10 ドルあげ，ビルは 20 ドルあげた」という文の英訳は (3) ではなく，(4) のようになる。

(3) *John **gave Mary** $10, and Bill φ $20.
(4) John gave Mary $10, and Bill **gave her** $20.

つまり，(3) では gave Mary が繰り返されているにもかかわらず，後ろの文で省略ができない。これは，(5) のルールがあるからである。

(5) 重要な情報（＝伝えたい情報）は省略できない。

英語では文末にいくほど情報の重要度が高くなるため，通常，主語より目的語のほうがより重要な情報を表す。よって，(6a) のように書くと，基本的には情報の重要度の低い主語 (John) が動詞 (give) とともに省略された (6b) の解釈（「ジョンはメアリーに 10 ドルあげ，ビルに 20 ドルあげた」）になる。

(6) a.　John gave Mary $10, and Bill $20.
　　b.　**John gave** Mary $10, and ϕ Bill $20.

つまり，(5) のルールがあるため，(3) のように動詞 give と目的語の Mary が省略された文は許されないことになる。ただし，**情報の重要度は相対的**なものであり，「**誰が**お金をあげたのか」が問題になっている文脈では，目的語よりも主語のほうがより重要な情報になるため，(7) のように動詞＋目的語 (give her) の省略が可能になる（(7) の目的語は情報の重要度が低い代名詞 (her) となっている）。

(7) John **gave her** $10, and Bill ϕ $20.　(cf. (3))

　(5) のルールを使うと，「竜二は練習のときはのらりくらりやっていたが，試合が始まるとそうではなかった」という文は次のように英訳できる。

(8) **Ryuji was lazy** in practice, but ϕ not ϕ when the game started.

but 以下では前文にある Ryuji was lazy を否定しているため，情報の重要度が高い not だけを残した省略が可能になる。省略をうまく使うことで，簡潔で格調高い英訳ができることを覚えておこう。

11 僕は彼女に泣かれた。

×**I was cried by my girlfriend.**

○**I had my girlfriend cry (on me).**

「エリカがリサを批判した」という状況は，以下の2文で表すことができる。

(1) a.　Erika criticized Risa.（エリカがリサを批判した）
　　b.　Risa **was criticized** by Erika.（リサがエリカに**批判された**）

(1a, b) の違いは**視点**の違いによる。「批判した側」のエリカの視点から述べる場合は (1a) になるが，「批判された側」のリサの視点から述べる場合は (1b) の受け身文が使われる。

このように，受け身というのは，目的語を主語に「格上げ」することで，**目的語に視点を当てる操作**であることがわかる。そこで問題となるのが，今回の問題文である。「泣く」というのは目的語をとらない自動詞であるにもかかわらず，日本語では自動詞の「泣く」に「(ら)れる」がつき「泣かれる」という受け身の形が可能である。

(2)　僕は彼女に**泣かれた**。（cf. *彼女は僕を泣いた。）

しかし，(2) は受け身形（be動詞+過去分詞）を使って英訳できない。

(3) *I **was cried** by my girlfriend.　（cf. *My girlfriend cried me.）

しかしながら，(3) のような英文を書く学生は意外に多い。英訳をする際には，**英語では目的語をとらない自動詞は受け身文にできない**ということをおさえておこう。

では，(2) はどう英訳されるのだろうか。もちろん，(2) が表す「被害」の意味に注目して 'I was shocked to see my girlfriend cry.' と意訳することも可能であるが，(2) は have を使って (4) のように英訳できる（「被害」を表す on を用いると，(2) の意味をより明確に表

すことができる)。

(4)　I had my girlfriend cry (on me).

(4) では「彼女が泣く (my girlfriend cry) という出来事を<u>もった (had)</u>」という「経験」を表すことで,「彼女が泣くという被害を被った」という (2) の意味を表している。

　(4) が have 使役文と同じ形であることからもわかるように,「**使役**」と「**経験**」は **have** を使って表すことができる。このことをおさえていると,「先生は生徒を家に**帰らせた**」も「先生は生徒に家に**帰られた**」も, ともに (5) のように英訳できることがわかる。

(5)　The teacher had his students go home.

まず, 主語の先生 (the teacher) が**意図的に**生徒を家に帰した場合, (5) は使役の意味 (「家に帰らせた」) になる。しかし, 先生が**意図せずに**生徒が (勝手に) 家に帰ってしまった場合は, (5) は経験の意味 (「家に帰られた」) になる。つまり, (5) が「使役」と「経験」のどちらの意味を表すかは, **主語が行為を意図的に行うかどうかによる。**

　以上のことをまとめると, (6) のようになる。

(6)　　(ら)れる　　させ　　［日本語の形式］
　　受け身―経験―使役　　［意味］
　　　BE　　　HAVE　　［英語の形式］

日本語では「受け身―経験」に同じ表現 ((ら)れる) が使われ, 英語では「使役―経験」に同じ表現 (have) が使われる。このような日英語の形式の「ズレ」をおさえておくことで, 正確な英訳ができることを覚えておこう。

第 1 章　生成文法から学ぶ和文英訳のコツ　　23

12 ラジオが直った。
× The radio got well.
○ **The radio got fixed.**

「来年，アメリカに留学することになりました」という文の英訳を考えてみよう。日本語の場合，たとえ自分が決断したことであっても「留学することになった」という表現が使われる。この場合，あたかも自然とそういう状況になったような言い方をすることで丁寧さを出している。そのため，冒頭の文の意図を正確に伝えるためには，「舞台の背後」に隠れている主体者（＝決断した人物）を表に出す形で英訳する必要がある。

(1) **I have decided** to study in America next year.

このように，**日本語では主体者を隠す表現が好まれる**ため，英訳の際には注意が必要である。

このことを踏まえて，「ラジオが直った」という文の英訳を考えてみよう。この場合もラジオを直した人が舞台の背後に隠れ，あたかも自然にラジオが直ったような表現になっている。しかし，英訳する際には，自動詞 (get well) を使って「直訳」した (2a) は許されず，(2b) のように主体者 (they) を明示するか，(2c) のように受け身形 (get fixed) を使って主体者がいることを明確にする必要がある。

(2) a. *The radio **got well**.
   b. **They fixed** the radio.
   c. The radio **got fixed**.

言い換えれば，**英語では出来事を引き起こす主体者がいない場合に自動詞が使われる**。例えば，自然と体調が回復したという場合は，'He **got well**.' のように自動詞を使った文が可能となる。

このように，英訳の際には日本語に「引っ張られ」ないで，出来

事を引き起こす主体者の有無を常に考える必要がある。

(3) a.　A microphone **was passed** round inside the bus.
　　　　（車内でマイクが<u>まわってきた</u>）
　　b.　The starting gun **went off**.
　　　　（出発の合図のピストルが<u>暴発した</u>）

(3a) の日本文ではあたかもマイクが勝手に「まわる」という言い方をしているが、マイクは自然にまわってくるわけではなく、マイクを渡す人（主体者）が存在する。そのため、英訳をする場合にはマイクをまわす主体者がいることを明確にするために、受け身形 (was passed) が使われる。一方、(3b) の場合はピストルが勝手に暴発したことを表すため、英語でも自動詞 (go off) を使って英訳される。もし、受け身を使って 'The starting gun **was fired**.' とすると、ピストルを鳴らした主体者がいることになるため、運動会のレースなどで「ピストルが（意図的に）発射された」という、(3b) の日本文とは異なった意味になってしまう。

　主体者を意識すると、「この写真はよく撮れている」という文が2通りに英訳できることもわかる。

(4) a.　This picture **is well taken**.
　　b.　You **look fine** in this picture.

「写真の撮り方がうまい」という意味の場合は写真を撮った人（主体者）がいるため、(4a) のように受け身 (is taken) が使われる。一方、「写真写りがいい」という意味の場合は写真を撮った人は関係しないため、(4b) のように自動詞 (look) が使われる。主体者の有無を考えることで、適切な英訳ができることを覚えておこう。

13 頭が痛い。
×**My head is painful.**
○**I have a headache.**

「なぜ遅れたの？」という文を英訳すると，次のようになる。

(1)　What took you so long?

もちろん，'Why were you so late?' と英訳してもいいが，その場合，相手をとがめているニュアンスが感じられる。つまり，英語では (1) のように**原因**（「何が」）と**結果**（「あなたを遅れさせた」）を表すようにしたほうが自然であることになる。具体的には，**原因を主語とした他動詞文を使えば英語らしい表現になる**（例：The bad weather (S: 原因) prevented (V) John (O) from going out.）。

実は，同じことが人の感情を表す**心理動詞**にも当てはまる。

(2)　The news {pleased/surprised/embarrassed/bored} John.

(2) ではニュース (the news) が原因となって，喜びや驚きなどの感情が結果的に John に生じている。このように，心理動詞は原因と結果を表すため，英語では (2) の他動詞文で表される。この心理動詞の ing 形（現在分詞）や ed 形（過去分詞）は形容詞として使われるが，その場合，**何を主語にするかに注意する必要がある**。

(3)　The news **pleased** John.
　　a.　*The news* (原因) **was pleasing** to John.　［原因が主語 – ing 形］
　　b.　*John* (人) **was pleased** at the news.　　［人が主語　– ed 形］

(3a) のように，喜びを引き起こした**原因** (the news) **が主語の場合は ing 形が使われ**，「そのニュースは喜ばしかった」ことを表す。一方，(3b) のように**人** (John) **が主語の場合は ed 形が使われ**，「ジョンは嬉しかった」ことを表す。とくに，(3b) は be 動詞 + ed 形が使

われている点で受け身文と似ているが、(3) はともに very で修飾できることから、あくまで形容詞であることがわかる（例：The news was *very* **pleasing** ... / John was *very* **pleased** ...）。

人が主語である (3b) のパターンでは規則的に ed 形が使われる。しかし、原因が主語である (3a) のパターンには対応する ing 形がない場合があるため、英訳の際には注意が必要である。

(4) The news **delighted/pained** John.
    a. *The news (原因) **was delighting/paining** to us.
    b. *The news* (原因) **was delightful/painful** to us.

心理動詞の delight や pain の場合、(4a) の ing 形は使われず、代わりに (4b) の delightful/painful という形容詞が対応する。つまり、delightful/painful は**原因を主語**にとる形容詞であることになる。そのため、「頭が痛い」の場合は「頭 (my head)」は痛みの原因ではないため、'*My head is painful.' とはいえず、'I have a headache.' のように英訳する必要がある。これに対して、「傷 (the injury)」は痛さの原因であるから、「傷が痛い」の場合は 'The injury is painful.' と英訳できる。以上のことをまとめると、次のようになる。

心理動詞	**原因が主語**の形容詞形	**人が主語**の形容詞形
please	plea**sing**	plea**sed**
surprise	surpri**sing**	surpri**sed**
delight	delight**ful**	delight**ed**
pain	pain**ful**	pain**ed**

英訳の際には、何を主語にするかも考慮に入れる必要があることを覚えておこう。

14 その本は丸善にある。
×**There is** the book at Maruzen's.
○**You can get** the book at Maruzen's.

「(悔しさで) 唇を<u>かむ</u>」を英訳する場合は動詞 bite が使われるが,「ガムを<u>かむ</u>」の場合は動詞 chew が使われる。つまり, 日本語では「かむ」という1つの動詞で済むところを, 英語では異なった動詞 (bite, chew) を用いて使い分ける必要がある。

このように, 日本語では同じ表現で済むところを, 英語では違う表現で使い分ける場合があるので, 英訳をする際には注意が必要である。その中でも, 日本語でよく使われる「ある」にはとくに注意する必要がある。例えば, 日本人の英作には there is/are ... を使った文がよく出てくるが, これは「～がある= there is/are ...」と機械的に置き換えているためであると思われる。しかし,「ある」にはいろいろな意味がある。

(1) a. **There is** milk in the refrigerator.
 (冷蔵庫に牛乳が<u>ある</u>)
 b. Minori **has** a habit of touching her hair.
 (みのりは髪を触るクセが<u>ある</u>)

(1a) のように, 単に牛乳が**存在**していることを表す場合は there is ... を使うことができるが, (1b) のように, 髪を触るクセをもっているという**所有**の意味を表す場合は have が使われる。

さらに,「その本は丸善にある」という文の英訳を考えてみよう。この場合, 単に「その本」が存在していることを表すというよりも,「その本」がどこにあるかということを示している。つまり,「その本」が存在していることはすでにわかっている上で, その**所在**を教えていることになる。このような場合, there is/are ... は使えず, (2) のように英訳される。

(2) We can **get** the book at Maruzen's.
    (cf. *There is the book at Maruzen's.)

このように，**日本語の「ある」は存在だけではなく，所有や所在も表すが，英訳する場合はそれぞれ違った表現が使われる**。とくに，there is/are ... を使って英訳できるのは，存在を表す場合に限られるということに注意する必要がある。

以上のことを踏まえて，「台所にねずみがいるので気をつけて」という文を英訳してみよう。この場合，(3a, b) の両方が可能である。

(3) a. You should be very careful, because <u>there is a mouse in the kitchen</u>.
    b. You should be very careful, because <u>a mouse is in the kitchen</u>.

しかし，(3a) と (3b) ではニュアンスが異なる。上述したように，there is/are ... を使った場合は単に存在を表すため，(3a) は台所にねずみがいることを客観的に述べていることになる。これに対して，(3b) の下線部のように there is/are ... を使わないで書くと，単に台所にねずみがいることを意味するだけではなく，ねずみが積極的に動き回るというニュアンスも出る。そのため，(3) のように注意をよびかけている文脈では，(3b) のほうがより適切といえる。

八代亜紀の『長崎をください』という曲の中に「あなたとさしたい傘がある」という一節がある。この場合，「傘」の存在を表しているのではなく，「傘」を恋人同士であることの象徴として使っている。そのため，英訳するとなると 'I have an umbrella that I'd like to share with you.' くらいになる。「ある」のように多くの意味を表す語を英訳する際には，どのような意味を表しているかを考える必要があることを覚えておこう。

第 1 章　生成文法から学ぶ和文英訳のコツ　29

15 彼女はとても素晴らしい女優だ。
×She is a very wonderful actress.
○She is a really wonderful actress.

　日本語で「危険に気づく」ことを「危険を嗅ぎつける」という。この日本語は英語の smell（匂いを嗅ぐ）を使って英訳できる。

(1) He **smelled** danger.（彼は危険を**嗅ぎつけた**）

日本語で「臭う」というと「何か怪しい」という否定的な意味を表すが，英語の smell も同じく「怪しい」という否定的な意味をもつ。日本語の「臭う」と英語の smell は意味が対応しているといえる。

　しかし，常に日本語と英語で意味が対応しているわけではない。例えば，「彼女はとても素晴らしい女優だ」という文を (2) のように英訳すると間違いになる。

(2) *She is a very wonderful actress.

上の文の間違いは wonderful に対して very が使われているところである。英英辞典を引けばわかるように，wonderful は 'extremely good' という意味を表す。つまり，「これ以上ないくらいよい」ことを意味するので，程度の強さを表す very はつけられない。あえて wonderful を強調するなら，really や absolutely のような副詞を使う。

(3) She is {a really/an absolutely} wonderful actress.

これに対して，日本語の「素晴らしい」は「とても」をつけて程度の強さを表すことができるため，英語の wonderful とは意味のズレがあることになる。

　このように，日本語と英語の単語の間に見られる意味のズレをおさえることは，正確な英語を書く上で重要となるが，文レベルでの

意味のズレを知っておくと，自然な英語を書くことができる。例えば，「父が死んで 10 年になる」は (4) の 3 パターンで英訳できる。

(4) a. My father has been dead for 10 years.
　b. Ten years have passed since my father died.
　c. It is ten years since my father died.

実は，(4) の 3 パターンの中でもっとも自然なのは (4a) である。しかし，(4a) を直訳すると，「父が 10 年間死んでいる」という非常に不自然な日本語になる。これは，日本語が「変化」と捉えるところを，英語では「状態」として表すという意味のズレからきている。日本語では「生きていた父が死んだ」という「変化」に注目し，その変化から「10 年になる」という表現が使われる。これに対して，(4a) が好まれる英語では，「父が死んでいる」という「状態」に注目し，10 年間，「死んでいる状態が続いている」ことを表す 'has been dead' が使われる。

　このように，日本語で「変化」を表す文が，英語では「状態」として表されることはよく見受けられる。

(5) a. The copyright **is out**. （版権が**切れた**）
　b. **Keep** the soup **hot**. （スープが**冷めない**ようにして）

(5a) にあるように，日本語では「切れる」という変化に注目するところを，英語では「切れている (is out)」という状態に注目した表現となっている。また (5b) でも，日本語では「冷める」という変化に注目しているが，英語では「熱い状態を保つ (keep hot)」という状態に注目している。

　日英語の意味のズレをつかむことで，正確で自然な英訳が可能になることを覚えておこう。

第 1 章　生成文法から学ぶ和文英訳のコツ

第 2 章

認知言語学から学ぶ和文英訳のコツ

　この章では，**認知言語学**の立場から和文英訳のポイントを示していく。「認知」とは，知覚や認識など，心 (mind) の高次なはたらきを指す。認知言語学は，そうした**心のはたらきとことばの使い方が密接にかかわっている**とみなす言語理論である。

　例えば，能動文の John broke the window. と受け身の The window was broken by John. を比べてみよう。描写している状況は客観的にみて同じかも知れない。しかし，その状況を心でどのように捉えたかが異なっており，能動文ならば John に焦点を当て，受け身ならば window に焦点を当てて捉えているのである。

　また，心での「捉え方」を考慮しなければ説明のできない例もある。The highway goes from Osaka to Tokyo. という文で，動詞 go の意味は「移動」だが，客観的にみて移動するものは何もない。では go は何を意味しているかというと，高速道路がどこからどこまで伸びているかを心の中で辿る動きにほかならないのである。

　どのように状況を捉えるかは，言語によって共通するところもあれば，大きく異なることもある。誤りのない英文，さらに一歩進んで**自然な和文英訳**ができるようになるには，文法や語彙の言語的知識を身につけるだけではなく，**英語には英語の，日本語には日本語の「捉え方」がある**ことを知る必要がある。それによって，日本人学習者が英訳のさいに陥りやすい間違いはどのような点にあるのか，なぜそうした誤りをしがちであるのかも理解することができるだろう。

16 彼は市長に選ばれた。

×He was elected as the mayor.
○He was elected as mayor.

---

(1)の日本語文を英語に訳すと，(2)のようになる。

(1) 昨日，大阪市長が学校に来た。
(2) The mayor of Osaka city came to our school yesterday.

mayor（市長）は可算名詞であり，(2)では定冠詞 the をつけて使用している。しかし，次のような場合は mayor に冠詞がつかない。

(3) 彼は市長に選ばれた。
(4) He was elected as mayor.
(5) *He was elected as the mayor.

同じ mayor という名詞であるにもかかわらず，冠詞が必要だったり不要だったりするのはなぜだろうか。基本的に，英語の名詞は「可算名詞」と「不可算名詞」に分かれる。water のような不可算名詞であれば何もつけずにそのまま使うが，book のような可算名詞であれば単数・複数に応じて形を変える必要がある。とくに単数であれば，定冠詞（the）か不定冠詞（a）をつけなくてはならない。

ただし，**ある名詞が可算名詞か不可算名詞かは，辞書で決まっているわけではない**（辞書の定義には「可算」「不可算」の両方が載っていて参考にならないことが多い）。実際には，**その名詞が指しているものが次のどちらのイメージに近いかで決まる**のである。

図1：可算名詞　　　図2：不可算名詞

図で示したように,はっきりとした輪郭や形をもち,同じものをいくつか複製できるようなものを指す場合,それは「可算名詞」となる。一方で,輪郭や形がなく,サイズも自由自在に伸び縮みできるものを指す場合,それは「不可算名詞」となる。

では,冒頭の mayor はどうだろうか。(2) の「大阪市長」というように特定の人物を指している場合,人にははっきりとした輪郭があるので,可算名詞のイメージに当てはまる。その一方で,(4) の mayor は,特定の人物ではなく,「市長」という地位や役職を指している。そうした役職には形がないので,イメージとしてはどちらかといえば不可算名詞のほうに当てはまるのである。

似た例として (6), (7) のように,いずれも役職を表す名詞は不可算名詞の扱いとなる。

(6) She was elected as chairman.
   (彼女は議長に選ばれた)
(7) He has been mayor three times.
   (彼は3度,市長になった)

実際に英語には,可算名詞のはずでも冠詞をつけず,不可算名詞として用いることがたびたびある。次の例を見てみよう。

(8) 私は学校に自転車で通っている。
(9) I go to school by bicycle.

確かに「自転車」は形のある物体だが,ここで大事なのは個々の自転車ではなく,交通手段としての自転車である。「自転車」のはたらきをしてくれるものであれば,いつもの自分の自転車でも母親の自転車でも何でも構わないわけである。このように,はたらきや機能を指している場合,それらにはっきりとした形がないため不可算名詞のイメージになり,無冠詞となるのである。

第2章 認知言語学から学ぶ和文英訳のコツ

17 何人かの生徒はまじめだ。

×Some of students are earnest.
○Some of the students are earnest.

---

(1) の日本語文を英語に訳すと，(2) のようになる。

(1) ヘビが好きな女の子もいる。
(2) Some girls like snakes.

some は「いくつかの」という分量を表す。(1) の some は，世の中にいる不特定多数の女の子の中で，ある限られた人数を示している。また some は，(4) のように，others と対比的に用いることもよくある。

(3) リンゴには，赤いものもあれば青いものもある。
(4) Some apples are red, and others are green.

(1)(2) と (3)(4) で注目したいのは，もともと何人の女の子たち・何個のリンゴの中から「いくつかの」分量を選び出しているのか，母集団の規模が定まっていないということである。では，(5) の「クラスの生徒」のように，元の人数が 40 人など，定まった母集団の中から「いくつかの」分量を選び出すときはどうなるだろう。

(5) クラスの生徒の何人かはまじめだ。
(6) Some of the students are earnest in the class.

(6) のように，母集団の数が定まっている場合は **[some of the [母集団]]** となる。(2) や (4) との違いは前置詞 of を使っていることであるが，of は (7) に挙げるように，「**部分と全体**」の関係を表すという意味を担っている。

(7) the tail of the dog（犬のしっぽ），the roof of the house（家の屋根），the bottom of the jar（びんの底）

[some of〜]も同様で，数が明確に決まっている母集団を「全体」とし，その中から一部分を取り出す。前置詞 of を使わない [some〜] とで，イメージを比べてみよう。

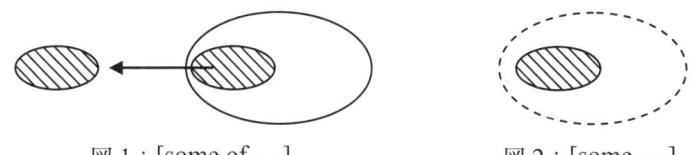

図1：[some of 〜]　　　　　　図2：[some 〜]

図1のように，[some of〜] は定まった母集団から選び出すため，その母集団を表す名詞には，some of the students のように定冠詞の the がつく。一方で図2の [some〜] の場合，はっきりと定まった母集団はない。したがって，ばく然と「世の中」の生徒の中にはまじめな人もいる，というのであれば，(8) のようになる。

(8) Some students are earnest (while others are not).

(9) の文は，[some of〜] で母集団から選び出しているのに，the がないので母集団が定まっていないことになり，おかしな文となる。

(9) *Some of students are earnest in the class.

なお，図1のように定まった母集団からある分量を選び出しているケースで，前置詞 of を省略することができるものがある。

(10) All of the students; both of the students
(11) All the students; both the students

all（すべて）や both（両方）のように，母集団とそこから選び出す分量が完全に一致するならば，前置詞の of が示す「部分と全体」関係がなくなってしまうので，前置詞が不必要になるのである。

18 彼のことをよく知っている。
×I am knowing him well.
○I know him well.

　日本語の「～ている」は，英語では [be + V-ing] の進行形で表すことが多い。

(1) 彼は今，部屋で絵を描いている。
(2) He is drawing a picture in his room now.

しかし，日本語の「～ている」がすべて進行形に対応するわけではない。次の例を見てみよう。

(3) 葉っぱが地面に落ちている。
(4) Leaves are fallen on the ground.

進行形を用いた 'Leaves are falling on the ground.' という英語も間違ってはいないが，そのときは「今，葉っぱがはらはらと落ちている真っ最中である」という意味になる。(3) の日本語文が意図しているのはそのような状況ではなく，「葉っぱが落ちて地面にある状態」である。つまり日本語の「～ている」は「**状態**」を表すこともあるのだ。同じことが，次の文にもいえる。

(5) 私は彼をよく知っている。
(6) I know him well.

「知っている」は「知識をもっている」という状態を表しており，英語では know という動詞に該当する。このように，動詞には「状態」を意味しているものがある。これを「**状態動詞**」とよぶ。ほかには，「似ている」(resemble) や「好きだ」(like) などが状態動詞のグループに該当する。これらは，いつから始まりいつ終わるかがはっきりせず，何事もなければ永続するような状態を指す。例えば He resembles his father.（彼は父親に似ている）の場合，似ている期間がいつからいつまでと定めることはできない。一方で walk や run のように，一定時間で動作や活動を行うことを意味する動詞を「**行為動詞**」という。「行為動詞」と「状態動詞」のイメージ図を見てみよう。図の矢印は時間の経過を表す。

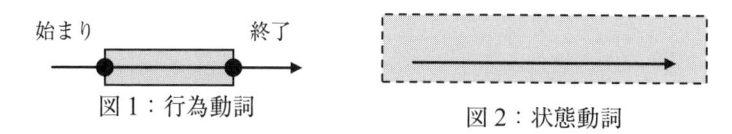

　　　図１：行為動詞　　　　　　図２：状態動詞

　行為動詞と状態動詞で違いが大きく表れるのが進行形である。一般的に，行為動詞は進行形にすることができるが，状態動詞は進行形にすることができない。

(7)　I am speaking English now.
(8)　*I am knowing him now.

これは，**進行形が動作の「途中」をフォーカスする**ためである。(7)の行為動詞ならば，話し始めから話し終わりまでの「途中」ということになるが，(8)のように「彼を知っている状態」には終わりがないのに，その途中というのは奇異に感じられる。

　ただし，状況によっては状態動詞であっても進行形を使うことができる。(9)のように，赤ちゃんが父親に似てくる「途中」の段階である，というのは自然である。

(9)　The baby is resembling his father more and more day by day.

　以上のように，日本語の「〜ている」は必ずしも進行形には対応していない上に，「〜ている」が英語で状態動詞に対応する場合，「途中」をフォーカスする進行形と相容れないことが多いのである。

19　私は 3 年間経済学を勉強している。
○**I have been studying economics for three years.**
×**I have studied economics for three years.**

---

(1) の日本語文を英語に訳すと，(2) のようになる。

(1) 私は生まれたときから京都に住んでいる。
(2) I have lived in Kyoto since I was born.

英語の現在完了 [have + 過去分詞] は，「**過去のある時点から現在までの時間幅**」を指すときに使われる。(1) では，「私が生まれた」という過去の時点から現在まで，ずっと京都に住んでいる，という「継続」用法になる。

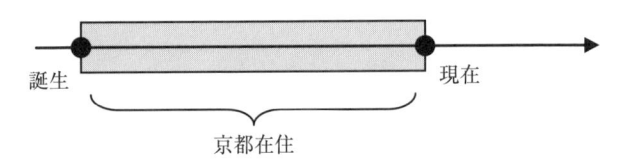

```
     誕生              現在
          京都在住
```

現在完了には「継続」のほかに，(3) の「経験」，(4) の「完了」といった用法があるが，いずれも「過去のあるときから現在まで」を示すのは共通している。「経験」は過去から現在までを振り返る必要がある。また，「完了」は過去に行ったことで生じた状態（終わってほっとしている，など）が現在も続いていることを指す。

(3) I have watched this movie three times.
(4) I have finished my homework.

では，履歴書に「私は 3 年間経済学を勉強した」と英語で書く場合，どの時制を用いたらいいだろうか。「過去に 3 年間勉強した」というならば単純に過去形でもよい。また，「3 年間の勉強を終え，今は経済学の知識が十分にある状態だ」といいたいならば，現在完

了の「完了」用法が適切である。

(5) I have studied economics for three years.

実際のところ，(5) の現在完了は「完了」用法だけではなく，「今も勉強中である」という「継続」用法としてもとることができる。しかし，現在も継続中である場合は (6) のように「現在完了進行形 (have + been + 進行形)」を使うのが一般的である。

(6) I have been studying economics for three years.

これには本章 [18] で見た内容が関係してくる。まず study（勉強する）は「行為動詞」であり，表す行為はいつか必ず終わるものである。終了点の明確な行為動詞を現在完了で用いると「完了」の意味合いは出やすい。それに対して現在完了進行形は，進行形が「動作の途中」を示すため，現在完了とともに用いられると，「今まだ途中である」，すなわち「今も継続中である」という意味がはっきりと伝わるのである。

　現在完了が「継続」か「完了」かは，描写する状況によっても，用いられる動詞によっても異なる。本章 [18] で見た know（知っている）や like（好きだ）のような状態動詞は，明確な終了点をそもそももたないので，「完了」の意味にはなりようがない。また，その状態がいつからいつまで続くとはっきり定まらないため，進行形によって「途中」であることを示すのもおかしくなる。

(7) I have known her for three years.
(8) *I have been knowing her for three years.

このため，(7) のような状態動詞の現在完了は常に「継続」の用法になる。行為動詞とは違い，(8) のように現在完了進行形にして「継続」を表す必要はないのである。

20 この映画は退屈だ。
×This movie is bored.
○This movie is boring.

---

(1) の日本語文を英語に訳すと，(2) のようになる。

(1) 私はそのニュースに驚いた。
(2) I was surprised by the news.

日本語の「驚く」は自動詞であり，そのまま人を主語にすることができる。一方で英語は 'be surprised' とわざわざ受け身形にしなくてはいけない。つまり，英語の surprise は他動詞で，「(人を) 驚かせる」という意味なのである。

英語と日本語の動詞の大きな違いの1つに，「驚く」のような**感情を表す動詞が他動詞か自動詞か**，ということがある。次の例を見てみよう。

(3) 私はそのニュースに喜んだ。
(4) I was pleased by the news.
(5) 私はそのニュースに興奮した。
(6) I was excited by the news.

いずれも，日本語では自動詞，英語では他動詞の受け身形というパターンになることがわかる。この違いを図で示してみよう。

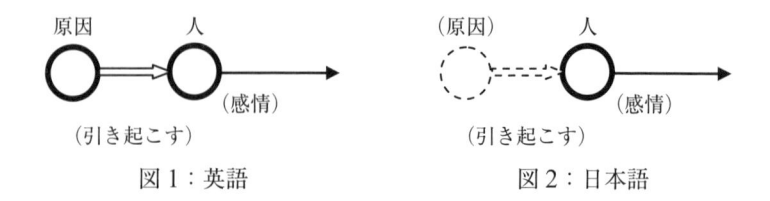

図1：英語   図2：日本語

英語では，感情を引き起こす原因（主語）と，感情を経験する人（目的語）の間の因果関係を他動詞が表している。一方で日本語では，感情が自発的に人の中に生じるものとみなされており，その感情の原因は（あるとしても）重要視されていない。

　英語では，他動詞の目的語であるはずの「人」を文の主語とする場合，(2), (4), (6) のように必然的に受け身となる。一方で，他動詞の主語である「原因」をそのまま文の主語にすることもでき，そのときは当然，受け身にする必要がない。

(7)　The news is disappointing.
(8)　そのニュースはがっかりさせるものだった。

(7) と (8) を比べてわかるように，日本語で「原因」を主語にする場合は自動詞（がっかりする）に「させる」をつけ，他動詞にする必要がある。このように，人が主語のとき（がっかりする）と原因が主語のとき（がっかりさせる）では語の形が変わるのが一般的だが，(9) と (10) のように，まったく同じ形になるときがある。

(9)　私は退屈だ。
(10)　この映画は退屈だ。

日本語では同じ「退屈だ」だが，これらを英語でいうときには形が異なる。この場合もやはり，英語では他動詞の bore（退屈させる）を用いるため，以下のようになる。

(11)　I am bored.
(12)　This movie is boring.

もちろん 'I am boring.' という英文も考えられるが，そのときは「私は人を飽きさせる退屈な人物だ」という意味になってしまう。

21 大きな地震が起こった。

×**A big earthquake was occurred.**

○**A big earthquake occurred.**

---

(1) の日本語文を英語に訳すと，(2) のようになる。

(1) 昨晩，大きな地震が起こった。
(2) A big earthquake occurred.

「起こる」は英語で occur であり，どちらも目的語をとらない自動詞である。しかし，(3) のように受け身にしてしまう誤りが日本人学習者にはよく見受けられる。

(3) *A big earthquake was occurred.

同様に，受け身にしてしまう自動詞に，次のようなものがある。

(4) *A car accident was happened here.
　　(A car accident happened here.)
(5) *Dinosaurs were existed at that time.
　　(Dinosaurs existed at that time.)

このような誤りはなぜ起きるのだろう。それは，本章 [20] の「驚く」と be surprised の例で見たように，日本語の自動詞が英語では他動詞の受け身形になることが多いためだろう。しかし，occur, happen, exist といった，**出来事の発生やものの存在を意味する動詞は英語でも自動詞**であり，「発生させる」「存在させる」といった意味の他動詞からきているわけではない。例えば「地震が起きる」の場合，地殻変動などの原因がよく考えれば見つかるかもしれないが，通常はそういった原因を問うことはなく，その現象が（あたかも自発的に）起きたことが重要なのである。

原因？　　　　　　（発生）　　地震

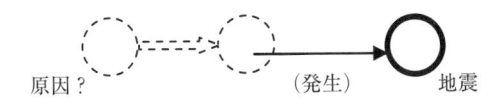

　英語で受け身にすることができないのに受け身にしてしまう現象は、ほかにもある。次の例を見てみよう。

(6)　私は日記を母に読まれた。
(7)　*I was read my diary by mom.

(6) は日本語独特の受け身で、実は対応する能動文がない。というのも「読む」の目的語は「日記」であり、「私」ではないからである。このタイプの受け身では、主語が何らかの迷惑を被ることを含意するため、「**迷惑受け身**」といわれている。こうした迷惑受け身は英語には存在しないため、そのまま (7) のように英訳してしまうと非文法的になる。(6) を自然な英語でいうならば、(8) のように「母」を主語にした能動文にするか、「私の日記」を主語にした受け身にするしかない。

(8)　Mom read my diary. / My diary got read by mom.

　同様に日本語の「〜してもらう」も、英語では (10) のように受け身にしてしまいがちであるが、対応する (11) の能動文を見ると分かるように、「私」は動詞の直接目的語ではないため、英語では受け身にすることができない。

(9)　私は彼にそのことを説明してもらった。
(10)　*I was explained it by him.
(11)　He explained it to me.

このように、同じ「受け身」に見えても日本語と英語とでははたらきが異なることがある。とくに日本語のほうが受け身を幅広く用いる傾向があるので、英訳する場合には注意しなくてはならない。

22 今日は英語の授業がある。

×There is an English class today.
○We have an English class today.

---

(1) の日本語文を英語に訳すと，(2) のようになる。

(1) 木の下にベンチがある。
(2) There is a bench under the tree.

「～がある」は，英語では there 構文に対応する。しかし，日本語の「ある」がすべて there 構文でいえるかというと，そうでもない。次の例を見てみよう。

(3) 今日は英語の授業がある。
(4) ??There is an English class today.

(4) は文法的には間違ってはいないが，英語としては不自然な表現として受け止められる。自然な言い方では (5) のように，「人」を主語にし，動詞 have を用いる。

(5) We have an English class today.

では，(3) によく似た (6) のような日本語を英語に訳すとどうなるだろうか。そのまま英語に置き換えた (7) は「今日はプールが存在するのか」という意味になってしまう。もちろんプールは半永久的に存在するので，(7) はかなり奇妙な表現になってしまう。

(6) 今日，プールある？
(7) ??Is there a swimming pool today?

(6) の意図する内容を英語ではっきりと伝えるためには，(5) と同じく「人」を主語とし，さらに「プール」が実際には「水泳の授業」を指していることを明示したほうがよいだろう。

(8) Do we have a class of swimming today?

　日英語でこのような違いが生じるのはなぜだろうか。それは，**「英語は『する』言語，日本語は『なる』言語」**（池上 (1981)）という特性に関係しているからだ。英語はできるだけ「する (DO)」，つまり「行為」として状況を述べようとするのに対し，日本語は「なる (BECOME)」，つまり「状態」として状況を述べる傾向にある。

　そのため英語では，there 構文を使うのは (2) のように「ものの存在する場所」を描写する場合に限られ，そのほかはできる限り人を主体とした行為として状況を述べようとする。一方で日本語は，状態的に状況を述べるので，「する」よりも「なる」「ある」を用いた表現が好まれる。

　次のような例を比べると，英語が「する」言語，日本語が「なる」言語であることがさらにはっきりとわかる。

(9)　来年から働くことになりました。
(10)　I'm going to work next year.

(9) の日本語はきわめて自然だが，そのまま英語に直訳しようとすると，「ことになりました」という述語部分が訳しようがないことに気づくだろう。（あえて直訳すれば，It became true that I would work next year. となるかもしれないが，まず使われることのない表現である。）自然な英語では，(10) のように，「ことになりました」を省いて「する」的に表現する。

　このように，状況をどのように描写する傾向にあるのかという点で日英語は異なっており，「自然な日本語」から「自然な英語」にするためには，そのような違いを念頭に置く必要がある。

23 太郎は週3で指導教官に会った。

×Taro saw his supervisor **three times in a week.**
○Taro saw his supervisor **three times a week.**

---

　(1) の和文を英訳する場合，(2) のように three times と a week という2つの名詞句を隣り合わせる必要がある。

(1)　太郎は週3で指導教官に会った。
(2)　Taro saw his supervisor **three times a week**.

名詞句が連続することに違和感を覚え，(3) のように前置詞 in を挟むと，(1) の英訳としては不適切となる。

(3)　*Taro saw his supervisor **three times in a week**.

この文は「ある週に3回会った」という意味になり，「(例えば数ヶ月に渡って) 週3で会っていた」という習慣の意味を伝えることができない。

　(2) が習慣の意味を伝えるのは，[**数量名詞句 X + 数量名詞句 Y**] **という鋳型自体が「X/Y」という比率の意味をもっている**ためである。この鋳型の存在を知っておけば，様々な比率を表す和文の英訳に応用することできる。例えば，比率表現には (4) のような別の頻度のほかに，(5) の速度，(6) の賃金，それに (7) の燃費，(8) の成長率を表すものがある。

(4)　Taro saw his supervisor **a few times a semester**.
(5)　Taro was driving on the freeway at **60 miles an hour**.
(6)　Taro makes **five hundred dollars a week**.
(7)　The truck only gets **5 miles a gallon**.
(8)　Taro is growing **about two inches a year**.

いずれの例においても，隣り合う2つの名詞句は異なる単位の数量

を表し，全体として両数値から算出される比率を伝える。なお，1つ目の要素としては (9) の twice のような副詞を用いることもできる。

(9) Taro saw his supervisor **twice a week**.

一方，2つ目の名詞句は a(n) で始まるのが典型的だが，(10) のように per を用いることも可能である。

(10) Taro was driving on the freeway at **60 miles per hour**.

比率表現においては，2つの要素が基本的に隣り合っている必要がある点に注意したい。例えば，(2) において分母に当たる a week を (11) のように前置することはできない。このことは (3) の in a week が (12) のように前置可能であることと対照的である。

(11) ***A week** Taro saw his supervisor **three times**. (cf. (2))
(12) **In a week** Taro saw his supervisor **three times**. (cf. (3))

　比率表現のような鋳型は，ある種のイディオム，つまり特殊な慣習的意味が宿った語連続と考えるとよい。イディオムといっても，例えば pass away（死ぬ）や go to bed（就寝する）のような特定の単語がかかわるものと違い，[数量名詞句 X + 数量名詞句 Y] という抽象的な姿をしているため，各数量表現を辞書で引いても記載されているとは限らない。しかし，上述の汎用性を生んでいるのはこの抽象性であり，イディオム同様，和文英訳の幅を広げてくれよう。
　汎用性の高い抽象的イディオムは，ほかにもたくさん存在する。例えば，[N after N] という鋳型には「次から次へと」という意味が，[N by N] という鋳型には「〜ごとに／ずつ」という意味が宿っており，それぞれ (13) や (14) のように様々に応用可能である。

(13) time after time, one after another, page after page
(14) case by case, little by little, one by one, page by page

24 太郎は図書館に本を返した。
×Taro returned the library a book.
○Taro returned a book to the library.

---

　(1) の和文の英訳として，(2) の与格構文は適切であるが，(3) の二重目的語構文（いわゆる第 4 文型）は不適切である。

(1)　太郎は図書館に本を返した。
(2)　Taro returned a book to the library.（与格構文）
(3)　*Taro returned the library a book.（二重目的語構文）

このことは，次に見られるような与格構文と二重目的語構文の書き換え可能性からすると不思議に思えるかもしれない。

(4)　Taro gave a book to Jiro.（与格構文）
(5)　Taro gave Jiro a book.（二重目的語構文）

(3) が非文である背景には，与格構文と二重目的語構文の意味の違いがある。すなわち，**二重目的語構文は所有権の変化に，与格構文は位置の変化に焦点を当てた表現である**。これにともない，二重目的語構文の間接目的語は「受けとり手」（主に人）となる一方で，与格構文の to 句は「着点」となる。これらの構文的特徴を (6) にまとめる。

(6)　二重目的語構文：［名詞句 X＋V＋名詞句 Y＋名詞句 Z］
　　　　　　　　　　＝X が受けとり手 Y に贈呈物 Z を所有させる
　　与格構文：　　　［名詞句 X＋V＋名詞句 Y＋to＋名詞句 Z］
　　　　　　　　　　＝X が移動物 Y を着点 Z に移動させる

　現実的に，多くの所有変化には位置変化がともなうため，(4) と (5) のような「書き換え」が可能となるが，片方の構文の意味にの

み合致する状況というのも少なからず存在する。「図書館への本の返却」はその1例である。図書館は次郎と異なり、着点ではあるが受けとり手ではない。それゆえ(3)の二重目的語構文が不適格となるわけである。一方、buyを用いた(7)のような二重目的語文は、(8)のように位置変化を表す与格構文には書き換えられない。これは、贈呈相手への贈呈物の位置変化が購買事象の一部ではないためである。なお、位置変化を含意しない for 句を用いた「書き換え」なら可能である。

(7) Taro bought Jiro a book.
(8) Taro bought a book {for/*to} Jiro.

　位置変化の欠如により与格構文に書き換えられないほかの例としては、ある種のイディオム的比喩表現が挙げられる。例えば、(9)のgive ... a kick（蹴る）が表す出来事においては「蹴り」が移動するとは考えにくいため、(10)のような与格構文は不適格となる。

(9) 　Taro gave him a kick.（二重目的語構文）
(10) *Taro gave a kick to him.（与格構文）

類例に、give {Hanako a kiss/*a kiss to Hanako} や throw {Jiro a glance/*a glance to Jiro} などがある。ただし、いずれの例も比喩表現としての特殊性をもち合わせており、(3)と違って、無生物の「受けとり手」も可能である点に注意したい。

(11) Taro gave **the wall** a kick.
(12) Taro gave **the soccer ball** a kiss.
(13) Taro threw **the sky** a glance.

25 父はジョン F ケネディーに似ている。

×John F. Kennedy resembles my father.
○My father resembles John F. Kennedy.

著名人と一般人の類似性を表現する場合，日英語ともに，著名人のほうを主語にすると (2) や (4) のように不自然な文となる。

(1) 父はジョン F ケネディーに似ている。
(2) *ジョン F ケネディーは父に似ている。
(3) My father resembles John F. Kennedy.
(4) *John F. Kennedy resembles my father.

類似関係とは，客観的にはどちらかが原因となって成り立っているものではないため，本来対称的な関係のはずである。実際，対等な関係にある二者については (5) のようにも (6) のようにも表現でき，さらには (7) のように両者を主語にすえることもできる。

(5) Taro resembles Jiro.
(6) Jiro resembles Taro.
(7) Taro and Jiro resemble each other.

著名人と一般人の比較において (4) のような文が不適格であることは，主語と目的語の本来的な非対称性を反映している ([26] 参照)。すなわち，**他動詞文というのは，目的語が表すものを基準にして，主語が表すものについて述べる文なのである。**したがって，著名人のように本来基準物となるような対象を主語に，一般人を目的語に置くと不自然な文となってしまう。対称的な関係を表すほかの動詞についても，主語・目的語の選択に同様の注意が必要となる。

(8)   My sister married the famous actor.
(9) *The famous actor married my sister.
(10) I met Ichiro.

(11) *Ichiro met me.

　何を主語にすえるかという問題は，対称動詞に限ったものではない。例えば，我々は (12) のような能動文が (13) のような受動文に書き換えられると教えられる。

(12)　Taro kissed Hanako.
(13)　Hanako was kissed by Taro.

ところが，(14) の疑問文に対する答えとしては (12) が，(15) の疑問文に対する答えとしては (13) が適切である。

(14)　What did Taro do? ― (12)/*(13)
(15)　What happened to Hanako? ― *(12)/(13)

さらに，対話でなくとも，(16) に続く文としては (12) が，(17) に続く文としては (13) が相応しい。

(16)　My friend envies Taro.　 (12)/*(13)
(17)　My friend envies Hanako.　*(12)/(13)

これは，(14) や (16) では Taro が，(15) や (17) では Hanako がそれぞれ話題に上っているため，続く文はそれらについて述べることが期待されるためである。主語は文において，こうした主題を設定する機能を担う。

　以上の話を踏まえると，同じことを表すと思われがちな (18) と (19) の間の微妙な違いも見えてくる。

(18)　Thunder frightens the dog.
(19)　The dog fears thunder.

雷を主題とする (18) は，雷が犬の恐怖心を引き起こすという因果関係に着目した文である一方で，犬を主題とする (19) は，犬から雷に向けられる恐怖心のほうをとり上げた文なのである。

26 太郎は次郎と連絡をとった。
×**Taro communicated Jiro.**
○**Taro communicated with Jiro.**

---

(1) の和文を英訳する際，communicate を他動詞と誤解して (2) のように書いてしまうことがあるが，正解は (3) である。

(1) 太郎は次郎と連絡をとった。
(2) *Taro communicated Jiro.
(3) Taro communicated **with** Jiro.

日本語でも (1) のように「と」を用いるにもかかわらず，なぜ with を落としてしまうのか。

一般に，ある動詞が他動詞であるか自動詞であるかは，その意味に基づいている。すなわち，**どの言語でも，X が Y に直接的に働きかけて変化を引き起こすような使役事象は他動詞で表されやすく，逆に，自然発生的な状況は自動詞で表されやすい** ([21], [25] 参照)。例えば，殺人という直接的使役変化事象は日英語ともに他動詞で表す(「殺す」と kill)。一方，単なる存在を表す動詞は両言語において自動詞である(「ある」と be)。**言語内・言語間でばらつきが大きくなるのは，中間に位置する事象**(使役的とも自発的ともとれる事象)**を表す動詞においてである**。上の communicate はその一例で，連絡という事象は「太郎が次郎と行う自発的な共同作業」ともとれるが，「太郎から次郎への使役」ともとれる。実際，連絡に似た行為であるはずの面接は，(4) のように interview という他動詞で表す。

(4) Taro interviewed (***with***) Jiro.

なお，この動詞が with をとるという感覚は不自然なものではなく，名詞用法では (5) のように with が現れる。

(5) Taro had an interview **with** Jiro.

自発性・使役性に関するこのような解釈の曖昧性は，自他を間違えやすいほかの動詞にも見られる。(6) と (7) にリストする。

(6) 他動詞：
approach (*to) a place, attend (*to) a meeting, discuss (*about) an issue, marry (*with) a person, reach (*at) a point, resemble (*with) a person
(7) 自動詞：
account for an accident, apologize for a mistake, arrive at a place, belong to a team, compete with a person, complain about a matter, graduate from a school, listen to music, look at a person, object to an idea, succeed in an examination

また，自他の用法を両方ともももつ動詞を見ると，たしかに他動詞用法のほうが使役の意味が強いことがわかる。例えば，身近な (8) の他動詞用法に対して，(9) は「次郎と会合をもった」となり，太郎から次郎への使役が希薄になる。

(8) Taro met Jiro.
(9) Taro met with Jiro.

同様に，馴染みのある (11) の自動詞用法と比べ，(10) では「順番を待ち受けた」という太郎から順番への使役性が指摘できる。

(10) Taro waited his turn.
(11) Taro waited for Jiro.

　本質的には，自他は動詞ごとに決まっている。それでも，上述の全体的傾向が存在するのはたしかであり，また，似た意味の動詞は一般に似た振る舞いを見せる（例えば approach と access はともに他動詞）。よって，(6) や (7) を例外として覚えるのが得策であろう。

27 飛行機はサンフランシスコに戻った。
×**The airplane backed to San Francisco.**
○**The airplane flew back to San Francisco.**

---

 (1) の和文を英訳する場合，「戻る」に対応させて back を (2) のように動詞として用いると非文となる。

(1) 飛行機はサンフランシスコに戻った。
(2) *The airplane backed to San Francisco.

back は副詞（不変化詞）であるため，(3) のように fly などの動詞を補って訳す必要がある。

(3) The airplane flew back to San Francisco.

こうした手続きが必要となるのは，日本語と英語が移動経路・方向の表現法について異なる体系をもつためである。(4) と (5) に示すように，**日本語が動詞で表す移動経路を，英語は主に前置詞や副詞で表す。**（英語にも enter, exit, ascend, descend といったラテン語やフランス語起源の経路動詞が存在するが，いくらか格式的とされる。）

(4) 入る，出る，上がる，下がる，曲がる，横切る，通る，越える，沿う，戻る
(5) into, out, up, down, around, across, through, over, along, back

文を成立させるためには動詞が必須であるため，(4) を用いた和文を (5) を用いて英訳する際には，何らかの動詞を導入してやる必要がある。この目的で用いられる動詞として最も一般的なのが，(3) の fly のような移動の仕方（様態）を表すものである。英語にはこの種の動詞が 150 語は存在する。(6) はそのごく一部である。

(6) bolt, bounce, crawl, creep, dart, dash, fly, gallop, hop, hurry, jog, jump, march, plod, ramble, roll, run, rush, saunter, scuttle, skip, slide, stomp, stroll, swim, totter, trot, trudge, walk, wander

いずれの様態動詞も (5) の副詞と組み合わせて人や物体の移動を描写することができる。

(7) Taro {dashed/jogged/plodded/tottered/trudged} over the hill.

一方,日本語には移動様態を表す動詞が十数個しかないため(例:歩く,走る,泳ぐ,駆ける,飛ぶ,急ぐ),擬態語などを補うことで詳細な様態を区別している(例:{てくてく／すたすた／ぶらぶら／とぼとぼ}歩く)。(6) の動詞は,日本語の擬態語のように,我々の英語表現をぐっと豊かにしてくれる。

こうした両言語の違いは,経路を詳細に説明する際に効果的に利用することができる。例えば,日本語なら (8) のように4つの経路動詞(出る,越える,抜ける,戻る)を連ねていわなければならない一連の移動事象を,英語では (9) のように walk という1つの動詞で簡潔に表現することができる。

(8) 太郎は店を出て,丘を越えて,桜並木を抜けて,駅に戻った。
(9) Taro walked out of the store over the hill through the avenue of cherry blossoms back to the station.

日本語の動詞を,動詞を用いずに英訳するという技は,下のように状態変化や出来事の完了を表す文などにも使え,汎用性が高い。

(10) The civil war tore the country **apart**. (内戦は国を引き**裂いた**)
(11) The door slammed **shut**. (戸がバタンと**閉まった**)
(12) Taro ate **up** the dishes. (太郎は料理を食べ**終えた**)
(13) The lamp burned **out**. (灯火が燃え**尽きた**)

28 年末までにプロジェクトを終えます。
×We will finish the project until the end of this year.
○We will finish the project by the end of this year.

---

(1) の和文を英訳する場合，(2) のように until ではなく by を用いるのが正解である。

(1) 年末までにプロジェクトを終えます。
(2) We will finish the project {**by**/*until} the end of this year.

前置詞 by と until (あるいは till) に相当する日本語の表現は，それぞれ「までに」と「まで」であり紛らわしい。両者の違いを理解するヒントとなるのが，by という語のもつ様々な意味である。この語の代表的な意味用法を例示する。

(3) Taro lives **by** the sea. (近接位置)
(4) Taro went **by** train. (手段)
(5) This theory was developed **by** a Japanese linguist. (動作主)

これらに共通するのは，図 (6) のように，**主語が表すものが主体となる事象が，by の目的語が表すものに随伴する**という点である。

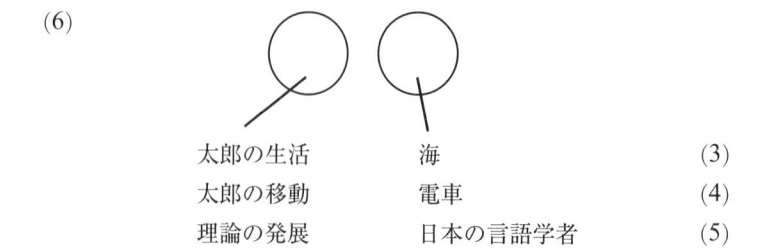

(6)

太郎の生活	海	(3)
太郎の移動	電車	(4)
理論の発展	日本の言語学者	(5)

この図式は，(7) に示すように (2) の時間的意味にも継承されると考えられる。すなわち，プロジェクトの完了という事象が，時間軸

上の一点である年末に随伴する,ということである。

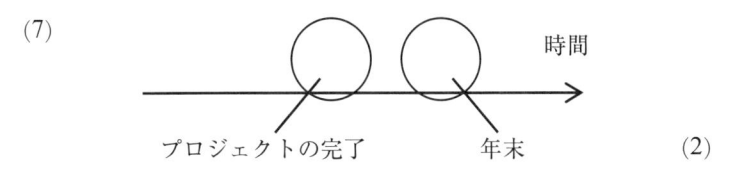

(7)

プロジェクトの完了　　年末　　時間 (2)

このように，(2) の by は，ある事象が特定の時点よりいくらか前に起こることを表す。この事象には完了点があり，これは until が表す時間的局面とは根本的に異なる。(8) に図示するように，**until はある時点までの期間全体に渡る活動・状態について用いられる**。(なお，語源的には un も til も「まで」の意。)

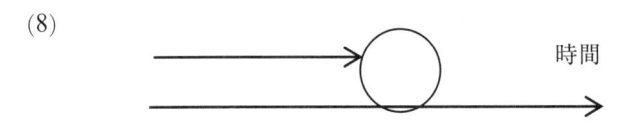

(8)

時間

よって，until と共起する述語は，by の場合 (例：finish) と異なり，(9) の continue や (10) の be busy ように完了点をもたないものとなる。

(9) We will **continue** the project {until/*by} the end of this year.
(10) We will **be busy** {until/*by} the end of this year.

さらに，finish のように完了的な動詞であっても，否定することで「終えていない」という継続的状態を表すことができるようになる。その結果，(11) のように until との共起が可能となる。

(11) We will **not** finish the project {until/by} the end of this year.

なお,「年末までにプロジェクトを終える」という完了的事象を実現させない,という意味であれば by の使用が可能である。

29 太郎はロサンジェルスでTシャツを買った。
×Taro bought a T-shirt at Los Angeles.
○Taro bought a T-shirt in Los Angeles.

和文 (1) の英訳において用いるべき前置詞は，(2) に示すように at ではなく in である。

(1) 太郎はロサンジェルスでTシャツを買った。
(2) Taro bought a T-shirt {**in**/***at**} Los Angeles.

一般に，in は 2〜3 次元的広がりの内部に位置づけを行うのに対し，at は単に点を表す。ロサンジェルス市は広がりをもつため，そこでの購買行為には in を用いる。(3) にこれを図示する。

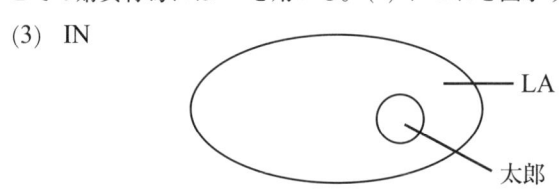

(3) IN

ただし，こうした次元解釈は**客観的な位置関係の問題ではなく，私たちの主観的な世界の捉え方に基づく**。そのため，同じロサンジェルスであっても，飛行機や列車による線的な移動が想定される場合には，その経路上の一地点ということで，(4) のように at で示すことが可能となる。

(4) We {arrived/stopped} **at** Los Angeles.

この位置関係についても図示しておこう。

(5) AT

類例として,カリフォルニア大学ロサンジェルス校の旧称は University of California **at** Los Angeles (UCLA) であったが,これはカリフォルニア大学の各キャンパスを同州の地図上に散らばる点として捉えた名称と理解できる。

　前置詞の図式的イメージは,非空間的な用法においても継承される。例えば,in および at には以下のような用法もある。

(6) 　目標： 　　look her **in** the eyes 　look **at** her
(7) 　心的対象： absorbed **in** reading 　surprised **at** the news
(8) 　時間： 　　**in** December 　　　　**at** Christmas
(9) 　状態： 　　**in** a hurry 　　　　　**at** rest
(10) 方法： 　　**in** this way 　　　　　**at** a discount

まず,(6) の in では視線が彼女の目の内部へと入り込み,at では彼女を到達点とする。視線自体は物理的実体をもたないが,想定される視線の着点はそれぞれ (3) と (5) の図に一致する。(7) では心的経験における対象物との関係を前置詞で表しているが,in は読書への継続的没入を示す一方で,at はニュースへの瞬間的な反応を示す。この時間的対立は (8) の時間用法でいっそうはっきりする。単なるカレンダー的切り分けである December には in がつくが,時間的にも限られた特別な時期である Christmas には at がつけられる。次に,状態といえば in の得意分野だが,(9) のように at で示す状態には,at rest と at work の切り替えのように,点的な性質が指摘できる。この点性は (10) の方法用法にも見られ,at で示す discount とは価格という尺度の一地点である。状態でも方法でも,in のほうはそれに属しているという捉え方となる。このように,使用領域は様々であるが,in は (3), at は (5) の図式を共有しているわけである。

30 太郎はおとなしそうだが,実際おとなしい。
×Taro looks quiet, and actually he is.
○Taro looks quiet, and in fact he is.

（1）に対応する英文につなぎ語（接続副詞）を入れる際,（2）の in fact（または indeed）は適切だが,（3）の actually は不適切である。

(1) 太郎はおとなしそうだが,実際おとなしい。
(2) Taro looks quiet, and **in fact** he is.
(3) *Taro looks quiet, and **actually** he is.

ともに「実際」と訳される in fact と actually だが,それぞれに異なる使用条件が課されている。これらの条件は「**背景シナリオ**」として理解しておくと,和文英訳の際に活用しやすくなる。

まず, actually は,事柄 A を打ち消す事柄 B を提示する目印となる。つまり, **actually は「覆し」というシナリオを背景としてもつ**。よって,例えば,「見た目に反して実際はおとなしくない」という覆しを述べる場合には,（4）のように actually が使用可能となる。

(4) Taro looks quiet, but actually he is **not**.

同様に,（5）のように「見た目がおとなしい」という相手の意見を覆して「実際もだ」と述べる際にも actually が使える（(3) では「見た目がおとなしい」が覆されていない）。

(5) Taro **looks** quiet. — Actually, he **is**.

これに対し in fact は,前述の内容をより「**正確**」にする際に用いられる。正確にするのであればその方向は真偽どちらに向かっても構わない。例えば,「太郎はおとなしそうだ」という期待に対して,（2）はそれが正解であることを述べ,（6）はそれが不正解であることを述べているが,いずれも複数あった可能性を1つに特定してい

るため in fact が生起できている。

(6)　Taro looks quiet, but **in fact** he is not.　(cf. (4))

　このように，**つなぎ語の使用には，前の文脈と後ろの文脈との関係に関する条件がおのおの決まっている**。つなぎ語が「談話標識」の典型例とされるのはこのためである。英語には「逆接」のつなぎ語が actually 以外にも多く存在する。そこで以下では，それらのつなぎ語のいくつかにかかわる背景シナリオを見ていこう。まず，単純な逆接を表す however と異なり，nevertheless は「A という意見に対し B という反論もあるが，やはり A である」といった「**反駁**」のシナリオをもつ。例えば，(7) で nevertheless を用いると「太郎はおとなしくない」という主張がとくに前面に出る。

(7)　Taro looks quiet; {however/nevertheless}, he is not.

一方，(8) の on the contrary は，前後の意見の「**排他性**」を強調するため，「太郎はおとなしい」という意見を積極的に排除することになる。

(8)　They say Taro is quiet; on the contrary, I think he is not.

しばしば on the one hand と対に用いられる (9) の on the other hand は，文字どおり前後 2 つの事柄の「**対照**」を際立たせる効果をもつ。

(9)　Jiro says Taro is quiet. On the other hand, Ai says he is talkative.

　ちなみに，「**補足**」のつなぎ語 anyway, incidentally, by the way などは，それらがつく文や文章の内容が重要でないことを伝える。そのため，例えば論文において重要な主張をしたい箇所では，これらのつなぎ語は控えたい。

第 3 章

日本語文法から学ぶ和文英訳のコツ

　「太郎は花子に本を貸した」という文は，'Taro lent a book to Hanako'と英訳できる。しかし，「太郎は花子に本を借りた」という文を'Taro borrowed a book to Hanako'とはできない。どちらの日本語にも同じ「花子に」が含まれているのに，'to Hanako'と英訳できる場合とできない場合があるのはどうしてなのだろうか。正しい和文英訳をするためには，当然のことながら，英文法の知識が欠かせない。しかし，英文法の知識だけでは不十分である。上で挙げた「花子に」の「に」に関する正確な知識，もっと一般的にいうと日本語文法の正確な知識が和文英訳に求められているのだ。では，和文英訳に必要な日本語文法の知識とは具体的にはどのようなものだろうか。まさにその答えがこの章には書かれてある。この章では，伝統的な国語学や最近の日本語文法で得られた知識を利用して，みなさんの和文英訳にさらなる磨きをかけていく。

31 太郎の車は，花子のより小さい。
×Taro's car is smaller than Hanako's one.
○**Taro's car is smaller than Hanako's.**

---

(1) の日本語文を英文に訳すと (2) になる。

(1) 帽子をなくしてしまった。新しい**の**を買わなくてはいけない。
(2) I lost my hat. I must buy a new **one**. (one = hat)

(1) の「の」は「帽子」を指す代名詞であり，英語では (2) のように代名詞 one に訳されている。では，(3) の太字の「の」も one に訳せるだろうか。

(3) 太郎の車は，花子**の**より小さい。
(4) *Taro's car is smaller than Hanako's **one**.
(5) Taro's car is smaller than Hanako's ϕ.

(4) が非文(法的)であることから，(3) の「の」は one には訳せないことがわかる。むしろ，(5) が文法的であることから，(3) の「の」は所有格の's に対応すると考えるのが妥当である。このように，日本語の「の」には，英語の one に対応するような代名詞の「の」と英語の's に対応するような所有格の「の」の 2 種類があることがわかる。これらのことを表に整理すると (6) のようになる。

(6)

	代名詞	所有格
日本語	の (=(1))	の (=(3))
英語	one (=(2))	's (=(5))

表 (6) の所有格の「の」と代名詞の「の」であるが，それらは連続して現れることはできない。この 2 種類の「の」を連続させると

(7)になるが，(7)は非文である（なお，1番目の「の」は所有格の「の」，2番目の「の」は代名詞の「の」である）。

(7) *太郎の車は，花子**のの**より小さい。

日本語文法には(8)のような規則がある。

(8) 所有格と代名詞が連続する場合のみ，代名詞を省略せよ。

(7)は(8)の規則に従っていないため非文になっている。しかし，規則に従って代名詞の「の」を省略すれば，(3)のように文法的となる。

　実は，(8)は日本語だけでなく英語にもあてはまる規則である。したがって，(8)を知っていると，日本語と同じように英語の文法もチェックすることができるのである。例えば，(4)のような英文は所有格('s)と代名詞(one)が連続しているので非文であることがわかるし，oneを省略すれば文法的になる(=(5))こともわかる。

　さらに，(8)の規則を知っていれば，(9)の正しい英訳は(11)であり(12)ではないこともわかる。

(9) 太郎の車は，花子の新しいのより小さい。
(10) *太郎の車は，花子の新しいϕより小さい。
(11) Taro's car is smaller than Hanako's new **one**.
(12) *Taro's car is smaller than Hanako's new ϕ.

(9)において，所有格の「の」と代名詞の「の」は，間に形容詞「新しい」が介在するため連続しない。したがって，(8)の条件を満たしていないので，(10)のように代名詞の「の」を省略することはできない。英語も日本語とまったく同じである。(11)において，所有格('s)と代名詞(one)は，間に形容詞(new)が介在するため連続しない。したがって，(8)の条件を満たしていないので，(12)のようにoneを省略することはできないのである。

32 太郎は泥棒が逃げるところを捕まえた。

×Taro caught the place where a thief tried to run away.
○Taro caught a thief as he tried to run away.

---

(1) は (2) のように英訳することができる。

(1) ここは太郎が泥棒を捕まえたところだ。
(2) This is the place where Taro caught a thief.

(1) の「太郎が泥棒を捕まえたところ」とはある特定の「場所」であるので、「ところ」は place と英訳できる。では (3) はどうだろうか。

(3) 太郎は泥棒が逃げるところを捕まえた。

(3) の「泥棒が逃げるところ」とはある特定の「場所」ではないので、「ところ」を place と英訳するのは正しくない。つまり、(3) を (4) のように訳してはいけない。

(4) *Taro caught the place where a thief tried to run away.

(3) を正しく英訳するためには、(3) の日本語を正しく理解していなければならない。(3) の文の成分は (5) のようになっている。

(5) 太郎は　　　泥棒が逃げるところを　　(その泥棒を)　　捕まえた。
　　主語　　　　　**修飾部**　　　　　　**目的語**　　　　**動詞**

(5) で示したように、「泥棒が逃げるところ」は「捕まえた」の目的語ではなく修飾部である。本来現れるべき目的語（＝「泥棒」）は省略されているのだ。このような目的語の省略は、日本語では頻繁に起こるが英語では決して起こらないので、英訳の際にはとくに注意が必要となる。(5) を踏まえた上で (3) を英訳すると (6) になる。

(6) Taro caught a thief as he tried to run away.

(6) の英文では，日本語で省略されている「泥棒」(=a thief) が明示されていることに注意してほしい。

次に，(7) の日本語とそれを英訳した (8) を見てみよう。

(7) 私は，姉がクッキーを焼いたのを知っている。
(8) I know that my sister baked cookies.

(7) で，「知っている」の目的語は「姉がクッキーを焼いたの」である。したがって，(8) のように，英訳においても that my sister baked cookies が know の目的語になっていてよい。では (9) はどうだろうか。

(9) 私は，姉がクッキーを焼いたのを1つ食べた。

(9) で「食べた」の目的語を「姉がクッキーを焼いたの」とみなして英訳してしまうと，(10) のように非文法的な英文ができてしまう。

(10) *I ate that my sister baked cookies.

(9) の意味をよく考えてみればわかるように，「食べた」の目的語は「姉がクッキーを焼いたの」ではなく「クッキー」である。より正確にいえば，「姉が焼いたクッキー」である。したがって，英訳において，ate の目的語は a cookie which my sister baked でなければならない。つまり，(9) の正しい英訳は (11) となる。

(11) I ate a cookie which my sister baked.

以上のことから，日本語では「を」でマークされた名詞句が動詞の目的語に必ずしもなっていない場合があることがわかった。したがって，英訳の際には，日本語における本当の目的語を正しく見極める必要があるといえる。

第3章 日本語文法から学ぶ和文英訳のコツ

33 私は手を洗った。
×I washed hands.
○I washed my hands.

---

(1) の日本語を (2) のように訳すと間違った英語になる。

(1) 私は手を洗った。
(2) *I washed hands.

(1) の「手」が「私の手」なのは明らかなので,「私の」(=**所有格代名詞**)は日本語では省略される。しかし,英語では「私の」が明らかな場合でも所有格代名詞 (my) を省略することができない。よって (1) は (3) のように my を明示して訳さなければならない。

(3) I washed **my** hands.

同様に,下の (4) で「手」が「あなたの手」だとわかっていても,英訳する際には (5) のように your を明示しなければならない。

(4) 手を洗いなさい。
(5) Wash **your** hands. (cf. *Wash hands.)

所有格代名詞に関して日英語には (6) のような違いがある。

(6) 所有格代名詞は,日本語では所有者が明らかな場合には通常現れないが,英語ではそのような場合でも義務的に現れる。

(6) の傾向は非常に強く,(7) のように日本語では所有格代名詞が入らない場合でも,英語では明示しなければならない (=(8))。

(7) 花子はまだ20代だ。(cf. *花子はまだ**彼女の**20代だ。)
(8) Hanako is still in **her** twenties.
   (cf. *Hanako is still in twenties.)

(7)の「20代」は「花子の20代」に間違いないが,日本語では「彼女(=花子)の」を明示することはできない。一方,英語では逆に「彼女の(=her)」を明示しなければ非文法的になってしまう。和文英訳をする際には(6)の傾向をきちんと把握しておく必要がある。

(6)に加えて,次の(9)を知っておくと和文英訳の際に役立つ。

(9) 日本語において,<u>主語と密接な関係にある名詞</u>の直前には,所有格代名詞が隠れている。

上で見た(1)や(4)において,「手」は洗う人(=主語)の体の一部であり主語と密接な関係にある。したがって,「手」の直前には所有格代名詞(=「私の」)が隠れている。その所有格代名詞を想定して訳すと正しい英文になる。同様に,(7)において「20代」は花子(=主語)の人生の一時期であり,主語と密接な関係にある。したがって,「20代」の直前に隠れている所有格代名詞(=「彼女の」)を補って英訳するとよい。(9)は(10),(12),(14)の英訳にも役立つだろう。

(10) 太郎は(何者かに)髪を切られた。
(11) Taro had **his** hair cut (by someone).
    (cf. *Taro had hair cut (by someone).)
(12) 私は桃子を母に紹介した。
(13) I introduced Momoko to **my** mother.
    (cf. *I introduced Momoko to mother.)
(14) 日本は市場を開放すべきだ。
(15) Japan should open **its** market.
    (cf. *Japan should open market.)

(10)の「髪」,(12)の「母」,(14)の「市場」はそれぞれの主語と密接な関係にある。したがって,「髪」「母」「市場」の直前に隠れている所有格代名詞(それぞれ「彼の」「私の」「その」)を補って英訳すると正しい英文になる。

34 太郎は花子に本を借りた。

×**Taro borrowed a book to Hanako.**

○**Taro borrowed a book from Hanako.**

---

(1) は (2) のように英訳することができる。

(1) 太郎は花子に本を貸した。　　　［太郎 ──── 本 ──▶ 花子］
(2) Taro lent a book **to** Hanako.

(1) は「本」が「太郎」から「花子」に移動していることを表している。ここで「太郎」を「起点」,「花子」を「着点」とよぶとすると, (1) の「に」の働きは (3) のように特徴づけられる。

(3) 「に」でマークされた名詞は**着点**を示す。

着点を表す英語の前置詞は to なので, (2) が (1) の正しい英訳となる。ところで,「に」には (4) のような「に」もある。

(4) 太郎は花子に本を借りた。　　　［太郎 ◀── 本 ──── 花子］
(5) *Taro borrowed a book **to** Hanako.

(4) を (5) のように英訳すると間違いになる。では (4) の「に」と (1) の「に」ではどこが違うのだろうか。(4) の意味をよく考えてみると,「本」が「花子」から「太郎」に移動していることがわかる。これは (1) の場合と逆である。つまり,「花子」が「起点」,「太郎」が「着点」になっている。つまり, (4) の「に」は (6) の働きをもっているのだ。

(6) 「に」でマークされた名詞は**起点**を示す。

(3) と (6) の両方を合わせると, (7) が導かれる。

(7) 「に」でマークされた名詞は**起点**または**着点**を示す。

(7) は非常に奇妙ではあるが，日本語の「に」にこのような「変わった」性質があることを知っていなければならない。

　日本語に対して，英語では to でマークされた名詞は着点のみ示し，起点を示すことはない。英語で起点を示す前置詞は from であるから，(4) は (8) のように訳すと正しい英語になる。

(8)　Taro borrowed a book **from** Hanako.　(cf. (5))

　(7) で述べられているように「に」は起点も着点も示せるが，1 つの文で起点と着点のどちらも示せる（つまり，あいまいになる）ということはけっしてない。例えば (9) の「に」は着点のみ示して起点は示せないが，(10) の「に」は起点のみ示して着点は示せない。

(9)　太郎は花子に指輪をあげた。　　　［✔着点／*起点］
(10)　太郎は花子に指輪をもらった。　　［*着点／✔起点］

(9) の「に」が起点を示せないことは，この「に」が起点を示す「から」と交替できない (=(11)) ことからもわかる。一方，(10) の「に」は「から」と交替できる (=(12)) ので起点を示していることがわかる。

(11) *太郎は花子**から**指輪をあげた。
(12)　太郎は花子**から**指輪をもらった。

(9) の「に」が着点を，(10) の「に」が起点を示すことがわかってはじめて，それぞれ (13) と (14) のような正しい英訳ができるのである。

(13)　Taro gave a ring **to** Hanako.　　　　　　　((9) の英訳)
(14)　Taro received a ring **from** Hanako.　　　　((10) の英訳)

35 太郎は新幹線で京都まで行った。
×Taro went to Kyoto by bullet train.
○Taro went as far as Kyoto by bullet train.

---

(1) と (2) はどちらも同じ意味であると思うかもしれない。

(1) 太郎は新幹線で京都**まで**行った。
(2) 太郎は新幹線で京都**に**行った。

しかし，(1) と (2) の前に「九州に行くのに」を付け加えると，それらの違いが浮かび上がってくる。

(3) 九州に行くのに，太郎は新幹線で京都**まで**行った。(cf. (1))
(4) 九州に行くのに，太郎は新幹線で京都**に**行った。(cf. (2))

(3) は「太郎の旅の目的地（＝ゴール）が九州であり，その途中の京都までは新幹線で行く」というような意味である。一方，(4) は「ゴールは九州であるが，間違って京都に行ってしまった」というような意味である。つまり，「まで」でマークされた「京都」は中継地点でありゴールではないが，「に」でマークされた「京都」はゴールを示しているという違いがあることがわかる。

ここで (1) と (2) の英訳を考えてみよう。英語で中継地点を示す前置詞句は as far as であり，ゴールを示す前置詞は to である。よって，(1) と (2) の正しい英訳はそれぞれ (5) と (6) になる。

(5) Taro went **as far as** Kyoto by bullet train. ((1) の英訳)
(6) Taro went **to** Kyoto by bullet train. ((2) の英訳)

次に (7) の英訳を考えてみよう。

(7) 京都に行くために，博多行きの新幹線に乗った。

(7) を (8) のように英訳するのは間違いである。

(8) (In order) to go **to** Kyoto, Taro took a bullet train **to** Hakata.

というのも，(7) の日本語では太郎のゴールは京都だけであるが，(8) の英語では太郎のゴールが京都と博多の両方になってしまっているからである。ここで問題になるのは，「博多行きの新幹線」の英訳である。この「博多行きの新幹線」であるが，乗客は博多に着く前に降車してもかまわない。つまり，「博多行きの新幹線」は，「<u>博多が目的地の新幹線</u>」(＝ゴール) という意味合いより，「<u>博多方面に向かう新幹線</u>」(＝方向) という意味合いのほうが強い。英語で方向を示す前置詞は for であるので，「博多行きの新幹線」の英訳は a bullet train for Hakata になる。したがって，(7) の正しい英訳は (9) である。

(9) (In order) to go **to** Kyoto, Taro took a bullet train **for** Hakata.

　ゴールを示すかどうかが和文英訳で重要になる例は，上の場合に限ったことではない。例えば，(10) は「太郎に」が「手紙の送り先」(＝ゴール) を表しているので，(11) が正しい英訳となる。

(10) 花子は太郎に手紙を送った。
(11) Hanako sent a letter **to** Taro.

一方，(12) の「太郎に」は「太郎のために」の意味であり，ゴールではない。よって，(12) の英訳に to は使えず (＝(13))，(14) となる。

(12) 花子は太郎にケーキを焼いてあげた。
(13) *Hanako baked a cake **to** Taro.
(14) Hanako baked a cake **for** Taro.

36 太郎はみんなから愛されている。

×Taro is loved from everyone.
○Taro is loved by everyone.

---

(1) は (2) のように英訳することができる。

(1) 太郎はみんな**から**手紙をもらった。
(2) Taro got letters **from** everyone.

「みんなから」を from everyone と直訳してもまったく問題はない。しかし、いつもこのパターンが可能だというわけではない。というのも、(3) を英訳する場合には、(4) のようにはいえず (5) のようにいわなければならないからである。

(3) 太郎はみんな**から**愛されている。
(4) *Taro is loved **from** everyone.
(5) Taro is loved **by** everyone.

(4) で from が許されないのは、(4) が受動文になっていることによる。というのも、英語の受動文では、原則として**動作主**（everyone）は強制的に by でマークされなければならないからだ。

ところで、(3) の日本語は、(6) のように言い換えることもできる。

(6) 太郎はみんなに愛されている。(cf. (3))

(3) と (6) からわかるのは、受動文の動作主（「みんな」）は「から」と「に」のどちらによってもマークされうるということである。したがって、日本語の受動文を英語の受動文に訳す際には、たとえ日本語で動作主が「から」でマークされていたとしても、英語では動作主を by でマークしなければならない。

ここでもう一度 (1) を見てみよう。(1) は (7) のように言い換

えても，意味はほとんど変わらない。

(7) 太郎はみんなに手紙をもらった。(cf. (1))

しかし，(7) を (8) のように英訳することはできない。

(8) *Taro got letters **by** everyone. (cf. (2))

(1) と (7) はどちらも能動文である。日本語では能動文の場合も，受動文の場合と同様に，動作主を「から」と「に」のどちらでもマークできる。しかし，英語では能動文の場合，(8) に示されるように，動作主を by でマークすることはできない。

ここで，(1) と (7) の「みんな」について詳しく見ていこう。「みんな」は「手紙を太郎に送った人たち」なので動作主である。また「手紙の出所」にも当たるので「起点」でもある。つまり，「みんな」は**動作主でありかつ起点**である。日本語では，このような特徴をもつ名詞に限って，「から」と「に」のどちらでもマークできるのだ。一方，英語では，動作主でありかつ起点である名詞であっても，from か by のどちらかでしかマークできない。どちらでマークするかは文の形（能動文／受動文）で自動的に決まってしまう。

上で見た日英語の違いをまとめたものが (9) である。

(9)	能動文		受動文	
日本語	カラ (=(1))	ニ (=(7))	カラ (=(3))	ニ (=(6))
英語	from (=(2))	*by (=(8))	*from (=(4))	by (=(5))

(9) から，和文英訳の際に注意すべきことは，能動文の「に」を by にしないことと，受動文の「から」を from にしないことである。

37 あゆはバラードから歌った。
　×Ayu sang from a ballad.
　○Ayu sang a ballad first.

---

　(1) を英語に直訳すると (2) になるが，(2) は非文法的である。

(1) 卒業式では，菜々子**から**泣いた。
(2) *From Nanako cried at the graduation ceremony.

(2) が悪いのは，英語には (3) のようなルールがあるからだ。

(3) 主語や{直接・間接}目的語の位置には前置詞句が置けない。

(2) は，主語 cried ... の形をしている。(3) のルールより，主語の位置に前置詞句 (from Nanako) を置くことはできない。では，(1) はどのように英訳したらよいのだろうか。まず (1) を (4) のように言い換えてみよう。

(4) 卒業式では，菜々子**が最初**に泣いた。　(cf. (1))

(4) を英語に訳すと文法的な (5) が得られる。

(5) Nanako cried first at the graduation ceremony.　(cf. (2))

このように，「から」が「が最初に」と言い換えられる場合には，日本語の文を「が最初に」と言い換えてから英訳するとよい。
　次に (6) を英語に直訳すると (7) になるが，(7) は非文法的である。

(6) コンサートで，あゆはバラード**から**歌った。
(7) *Ayu sang from a ballad at the concert.

(7) は，Ayu sang 直接目的語 ... の形をしている。(3) のルールより，直接目的語の位置に前置詞句 (from a ballad) を置くことはで

きないので，(7) は非文法的となる。(6) の日本語は (8) のように言い換えられる。

(8) コンサートで，あゆはバラード**を最初に**歌った。(cf. (6))

(8) を英語に訳すと文法的な (9) が得られる。

(9) Ayu sang a ballad first at the concert.　(cf. (7))

このように (6) の「から」は (8) のように「を最初に」と言い換えられるので，(6) は (9) が正しい英訳となる。

　次に (10) を英語に直訳すると (11) になるが，(11) は非文法的である。

(10) 先生は女子**から**成績表を渡した。
(11) *The teacher gave from girls report cards.

(11) は，The teacher gave 間接目的語 report cards の形をしている。(3) より，間接目的語の位置に前置詞句 (from girls) を置くことはできないので，(11) は非文法的となる。(10) の日本語は (12) のように言い換えられる。

(12) 先生は女子**に最初に**成績表を渡した。(cf. (10))

(12) を英語に訳すと文法的な (13) が得られる。

(13) The teacher gave girls report cards first.　(cf. (11))

このように (10) の「から」は (12) のように「に最初に」と言い換えられるので，(10) は (13) が正しい英訳となる。

　まとめると，英語には (3) のルールがあるため「から」が from とは訳せない場合がある。「から」が「{が／を／に}最初に」と言い換えられる場合には，言い換えた日本語文を英訳するとよいだろう。

第3章　日本語文法から学ぶ和文英訳のコツ

38 部屋の掃除をしてから，テニスをします。

×**Since** I clean my room, I'll play tennis.
○**After** I clean my room, I'll play tennis.

---

(1) を英語に訳すと (2) になる。

(1) 戦争が終わって**から** 70 年になります。
(2) It is seventy years **since** the war ended.

この例だけを見て，接続詞「(て) から」が英語の since に常に対応すると考えてはいけない。例えば (3) の英訳を考えてみよう。

(3) 桃子が帰って**から**彩がきました。
(4) Aya arrived **after** Momoko had left.
(5) *Aya arrived **since** Momoko had left.

(3) の正しい英訳は，(4) であって (5) ではない。では，(1) の「から」と (3) の「から」とでは何が違うのだろうか。(1) の「から」は「以来」に言い換えられる（「戦争が終わって**以来** 70 年になります」）のに対して，(3) の「から」は「以来」には言い換えられない（「*桃子が帰って**以来**彩がきました」）。このことから (6) がいえる。

(6) 「(て) から」は，「(て) 以来」に言い換えても自然になる場合は since に，「(た) 後で」に言い換えても自然になる場合は after に英訳する。

(6) を踏まえ，(7) の英訳を考えてみよう。

(7) 部屋の掃除をして**から**，テニスをします。
(8) ***Since** I clean my room, I'll play tennis.
(9) **After** I clean my room, I'll play tennis.

(7) の「(て) から」は「(て) 以来」に言い換えると不自然になるが

(「*部屋の掃除をして**以来**，テニスをします」)，「(た) 後で」に言い換えると自然になる (「部屋の掃除をした**後で**，テニスをします」)。(6) より，(7) の「から」は since ではなく after に訳さなければならない。したがって，(7) の正しい英訳は (8) ではなく (9) である。

次に (10) と (11) の英訳を考えてみよう。

(10) 花子は宿題をして**から**ゲームをした。
(11) 太郎は家に帰って**から**ゲームをしている。

(10) の「(て) から」は「(て) 以来」に言い換えると不自然になるが (「*花子は宿題をして**以来**ゲームをした」)，「(た) 後で」に言い換えると自然になる (「花子は宿題をした**後で**ゲームをした」)。したがって (6) より，(10) の「から」は since ではなく after に訳さなければならない (=(12))。これに対して，(11) の「(て) から」は「(た) 後で」に言い換えると不自然になるが (「*太郎は家に帰った**後で**ゲームをしている」)，「(て) 以来」に言い換えると自然になる (「太郎は家に帰って**以来**ゲームをしている」)。したがって (6) より，(11) の「から」は after ではなく since に訳さなければならない (=(13))。

(12) Hanako played a game **after** she had finished her homework.
(13) Taro has played a game **since** he came home.

最後に (14) の英訳を考えてみよう。

(14) 香織が帰って**から**私は映画を見ていた。
(15) I watched a movie **after** Kaori had left.
(16) I have watched a movie **since** Kaori left.

(14) の「(て) から」は，「(た) 後で」にも「(て) 以来」にも換えられる。よって，(14) は文脈によって (15) と (16) のどちらにも訳せる。

39 大人になったら何になるつもりですか。
× What are you going to be if you grow up?
○ What are you going to be when you grow up?

---

(1) を英語に訳すと (2) になる。

(1) 明日天気がよかっ**たら**，出かけます。
(2) **If** it is fine tomorrow, I will go out.

この例だけを見て，日本語の「たら」に対応する英語がいつも if だと考えてはいけない。例えば (3) の英訳を考えてみよう。

(3) 大人になっ**たら**何になるつもりですか。
(4) What are you going to be **when** you grow up?
(5) *What are you going to be **if** you grow up?

(3) の正しい英訳は，(4) であって (5) ではない。では，(1) の「たら」と (3) の「たら」とでは何が違うのだろうか。(1) の「たら」は「もし」と相性がいい。つまり，(1) は (6) のように言い換えられる。

(6) **もし**明日天気がよかっ**たら**，出かけます。 (cf. (1))

これに対して，(3) の「たら」は「もし」と相性が悪い。つまり，(3) は (7) のようには言い換えられない。

(7) ***もし**大人になっ**たら**何になるつもりですか。 (cf. (3))

つまり，「もし」と相性のいい「たら」は if と訳せるが (=(2))，「もし」と相性の悪い「たら」は if とは訳せないということである (=(5))。

以上を踏まえて，次の日本語を英語にしてみよう。

(8) 晴れて**たら**，歩いて家へ帰れるのだが。
(9) 家へ帰っ**たら**，すぐに友達がきた。

(8) は「**もし**晴れて**たら**，歩いて家へ帰れるのだが」と言い換えることができる。よって if を使って英訳できる。一方，(9) は「＊**もし**家へ帰っ**たら**，すぐに友達がきた」とは言い換えられない。よって if を使っての英訳はできない。(8) と (9) の正しい英訳はそれぞれ (10) と (11) である。

(10) If it were fine, I would be able to walk home.
(11) When I returned home, a friend came right away.

　このように「たら」と「もし」との相性を手掛かりにすれば，さらに (12) と (13) の英訳も正しくできる。

(12) 窓を開け**たら**，富士山が見え**る**よ。
(13) 窓を開け**たら**，富士山が見え**た**よ。

(12) と (13) では，時制を表す「る」と「た」だけが異なっている。しかし，(12) には「**もし**窓を開けたら富士山が見えるよ」のように「もし」を付け加えることができるが，(13) には「＊**もし**窓を開けたら富士山が見えたよ」のように「もし」を付け加えることはできない。このことから，(12) の英訳には if が使えるが，(13) の英訳には if が使えないことがわかる。(12) と (13) の正しい英訳はそれぞれ (14) と (15) である。

(14) **If** you open the window, you can see Mt. Fuji.
(15) **When** I opened the window, I could see Mt. Fuji.

なお，(14) と (15) の英文を見ると，(12) と (13) では時制の他に主語も異なっていることに気づかされる。つまり，(12) の主語は「あなた」であり，(13) の主語は「私」である。

40 太郎はその物語を花子に話した。
× Taro told the story Hanako.
○ Taro told Hanako the story.

　日本語では，(1) と (2) のように「花子が」と「太郎を」を入れ替えても，ほとんど意味は変わらない。

(1) 花子が太郎を叱った。
(2) 太郎を花子が叱った。

しかし，英語では (3) の Hanako と Taro を (4) のように入れ替えると意味が変わってしまう。

(3) Hanako scolded Taro.（花子が太郎を叱った）
(4) Taro scolded Hanako.（太郎が花子を叱った）

日英語のこのような違いは，(5) からきている。

(5) 文法関係（主語・目的語など）は，一般に，日本語では**助詞**によって，英語では**語順**によって決められる。

日本語の (1) と (2) で「花子」が主語であることは助詞の「が」によって，「太郎」が目的語であることは助詞の「を」によって決められる。(1) と (2) は，名詞についている助詞が変わらないので，文法関係も変わらず同じ意味になる。これに対して，英語では動詞の直前が主語になり，動詞の直後が目的語になる。したがって，(3) を (4) に言い換えると文法関係が変わるので，異なる意味になってしまう。
　次に (6) と (7) の英訳を考えてみよう。

(6) 太郎は花子にその物語を話した。
(7) 太郎はその物語を花子に話した。

(6) と (7) は,「花子に」と「その物語を」が入れ替わっているだけで，どちらも文法的でほとんど意味は変わらない。しかし，英語では (8) の語順は文法的だが，Hanako と the story を入れ替えた (9) は非文(法的)になる。

(8)　Taro told Hanako the story.（太郎は花子にその物語を話した）
(9) *Taro told the story Hanako.（太郎はその物語に花子を話した）

英語の「動詞―名詞1―名詞2」の語順では，名詞1に間接目的語が，名詞2に直接目的語が**必ずくる**。よって，(9) は the story が間接目的語，Hanako が直接目的語となってしまうので非文になる。

　上で述べた通り (9) は非文だが，Hanako が間接目的語であることが前置詞で示せる場合には文法的になる。(10) を見てみよう。

(10)　Taro told the story **to** Hanako.　(cf. (9))

(10) の Hanako は前置詞 to によって間接目的語だということがわかる。そのため (9) とは違って文法的となる。

　最後に，次の日本文の英訳を考えてみよう。

(11)　太郎は花子に香織について話した。
(12)　太郎は香織について花子に話した。

(11) の「花子に」と「香織について」は，(12) のように入れ替えても文法的である。興味深いことに，「に」を to に，「について」を about に訳すと，英語でも次のように言い換えが可能となる。

(13)　Taro talked **to** Hanako **about** Kaori.
(14)　Taro talked **about** Kaori **to** Hanako.

つまり，(13) の to Hanako と about Kaori は，(14) のように入れ替えても文法的になる。

41 山田は私が間違っていますと言った。
×Yamada said that I was wrong.
○Yamada said that he was wrong.

実際に英訳作業に入る前に日本語の代名詞を正しく解釈しておくことは，極めて重要である。例えば (1) の「あなた」とは誰のことを指しているのだろうか。

(1) 花子は太郎に**あなた**と結婚することを話していた。

(1) の「あなた」は (1) の文を聞いている人物を指している。このことがきちんとわかってはじめて，(2) のような正しい英訳ができる。

(2) Hanako told Taro that she would marry **you**.

今度は (1) の日本語文を (3) のように少し変えてみよう。(3) の「あなた」とは誰のことを指しているのだろうか。

(3) 花子は太郎に**あなた**と結婚するわと言った。(cf. (1))

(3) の文を聞いている人物は「太郎」である。(3) の「あなた」はその聞き手である「太郎」を指している。したがって，(3) は (4) のように英訳するとよい。

(4) Hanako said to Taro, "I will marry **you**."

実は，(3) については (5) のような別の英訳も考えられる。

(5) Hanako told Taro that she would marry **him**. (cf. (4))

(4) と (5) の表現法はそれぞれ直接話法，間接話法と呼ばれている。直接話法では，セリフがそのまま引用されるのに対して，間接話法では，セリフが話し手の視点から言い換えられている。具体

にいうと，(4) のセリフ中の I と you は，(5) ではそれぞれ she (=Hanako) と him (=Taro) に言い換えられている。このように，話法によって代名詞が変わってしまうのだ。

次に，代名詞「私」の解釈を考えてみよう。(6) の「私」とは誰のことを指しているのだろうか。

(6) 山田は**私**が間違っていることを指摘した。

(6) の「私」は (6) を話している人物を指している。よって，(7) のように訳される。

(7) Yamada pointed out that **I** was wrong.

それでは，(8) の「私」は誰を指すのだろうか。

(8) 山田は**私**が間違っていますと言った。

(8) の「私」は，山田自身を指している。したがって，(8) は (9) のように訳すことができる。

(9) Yamada said, "I am wrong."

(8) はまた (10) のように間接話法でいうこともできる。

(10) Yamada said that **he** was wrong. (cf. (9))

上で述べた通り，間接話法ではセリフが発話者の視点から言い換えられる。よって，(9) の I が (10) では he (=Yamada) に変えられている。この例からも，話法によって代名詞が変わることがわかるだろう。

このように，英訳する際には，日本語の代名詞が誰を指すのか正確に捉えることと，英語の話法のルールに従うことが大切である。

42 ジョンは日本にくるまえに，日本語を習得していた。

×**John had mastered Japanese before he comes to Japan.**
○**John had mastered Japanese before he came to Japan.**

---

　(1)の「電話が鳴ったとき」の中の動詞「鳴った」は過去形であり，訳す際(2)のように過去形(rang)にすると正しい英文になる。

(1) 電話が<u>鳴ったとき</u>，私はシャワーを浴びていた。
(2) <u>When</u> the telephone **rang**, I was in the shower.

では，(3)の場合はどうだろうか。考えてみよう。

(3) ジョンは日本に<u>くるまえ</u>に，日本語を習得していた。
(4) *John had mastered Japanese <u>before</u> he **comes** to Japan.
(5) John had mastered Japanese <u>before</u> he **came** to Japan.

(3)の「日本にくるまえに」の中の動詞「くる」は現在形なので，訳す際(4)のように現在形(comes)にすればいいと思うかも知れない。しかし，(4)は誤りで，(5)のように過去形(came)にしなければならない。

　(1)と(3)の違いはどこにあるのか。それは現在形と過去形の言い換えができるか否かにある。「～とき」の～にくる動詞は現在形(鳴るとき)でも過去形(鳴ったとき)でも文法的にはいいが，「～まえ」の～にくる動詞は現在形(くるまえ)ならいいが過去形(*きたまえ)は許されない。このように，現在形と過去形の言い換えができない場合，英語に訳す際には時制についての注意が必要である。

　日本語と英語の時制が食い違う，別の例を見てみよう。

(6) 時間が<u>あったら</u>，手伝って下さいませんか。
(7) *<u>If</u> you **had** time, could you help me?
(8) <u>If</u> you **have** time, could you help me?

(6) の「時間があったら」の「あった」は過去形なので,訳す際 (7) のように過去形 (had) にすればいいと思うかも知れない。しかし,(7) の英文は誤りで,(8) のように現在形 (have) にしなければならない。ここで (6) の「〜ら」の〜にこられる動詞を見てみよう。条件を表す「〜ら」の〜には過去形（あったら）はいいが現在形（*あるら）は許されない。上でも指摘したが,現在形と過去形の言い換えができない場合,英訳する際は時制に注意しなければならない。

　これまでは現在形と過去形の言い換えができない場合を見てきたが,そもそも現在形も過去形も許されない日本語の例がある。

(9)　昼食を<u>食べて</u>から,私のおじは美穂と釣りに行った。
(10)　After he **had** lunch, my uncle went fishing with Miho.

(9) の「昼食を食べてから」の中の動詞「食べて」は現在形でも過去形でもない。順序を表す「〜から」の〜には,現在形（食べるから）がくることも過去形（食べたから）がくることも許されないのだ。つまり,(9) は時制が現れてはいけない例である。このような場合にも,英語に訳す際には時制に注意しなければならない。

　上で見た時制のパターンは (11) のようにまとめられる。

(11)	現在形	過去形	例
I	○	○	「〜とき」(cf. (1))
II	○	×	「〜まえ」(cf. (3))
III	×	○	条件を表す「〜ら」(cf. (6))
IV	×	×	順序を表す「〜から」(cf. (9))

和文英訳でとくに気をつけなければいけないのは,II, III, IV のグループである。というのも,これらのグループは現在形と過去形の交替が文法的に許されないか,時制が現れてはいけないからである。

43 そう考える人は多い。

??Those who think so are many.
○Many people think so.

---

(1) の日本語を (2) のような英語に訳すのは不自然である。

(1) そう考える人は多い。
(2) ??Those who think so are many.

(2) は，(1) の主語「そう考える人」を those who think so，述語「多い」を many と訳し，日本語の語順のまま英語に訳したものである。(2) であるが，非文法的とはいわないまでも文語的であり不自然な英語である。(1) は (3) のように訳すと自然な英語になる。

(3) Many people think so.

(1) と (3) を見比べて，ずいぶん意訳していると感じるかもしれない。しかし，(3) は (1) を意訳したものではなく，実はほぼ直訳なのである。(1) から (3) への英訳の手順を (4)–(6) で示す。

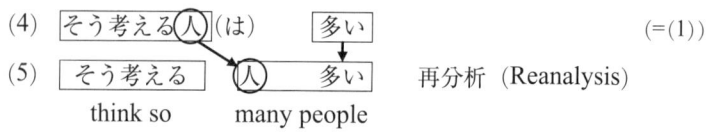

(4) そう考える人 (は) 多い   (=(1))

(5) そう考える　　人　多い　　再分析 (Reanalysis)
　　 think so   many people

(6) Many people think so.   (=(3))

(4) は，(1) が「そう考える人」と「多い」の 2 つのかたまりに分かれることを示している。英訳する前には (5) のステップを踏む。すなわち，「人」と「多い」を 1 つのかたまり「人 多い」に再分析するのである。「そう考える」を think so，「人 多い」を many people と訳し，英語の語順（主語–述語）に並べ替えると (6) ができる。

　再分析法を使えば，(7) の否定文も正しく訳すことができる。

(7)　それに答えられる少年は　　いない。
(8)　それに答えられる　　少年　いない
　　　can answer it　　　　no boy
(9)　No boy can answer it.

(7)は「それに答えられる少年（は）」と「いない」に分かれているが，(8)のように「少年」と「いない」を再分析すると「少年　いない」になる。「それに答えられる」を can answer it，「少年　いない」を no boy と訳し，英語の語順に並べ替えると (9) ができる。

　上の再分析法はまた，(10) のような「主題（「〜は」）の特徴を述べる構文（＝主題構文）」を英訳する際にも適用できる。

(10)　太郎は　　足が　長い。
(11)　太郎は　　足　長い
(12)　Taro has　 long legs.

(10)の「足が長い」は，「足（が）」と「長い」に分かれている。(11)のように「足　長い」に再分析し long legs と訳す。主題の「太郎は」を Taro has と訳し，long legs と合わせると (12) ができる。

　上の再分析を利用すれば，否定文 (cf. (7)) と主題構文 (cf. (10)) の両方を含む (13) を (15) のように正しく英訳することができる。

(13)　花子は　　友達が　いない。
(14)　花子は　　友達　いない
(15)　Hanako has　 no friend.

(13)の「友達がいない」は「友達（が）」と「いない」に分かれている。(14)のように「友達　いない」に再分析し no friend と訳す。主題の「花子は」を Hanako has と訳し，no friend と合わせると (15) ができる。

44 太郎だけがその本を読んだ。
×**Taro only read the book.**
○**Only Taro read the book.**

---

(1) と (2) の日本語はそれぞれ (3) と (4) の英語に訳すことができる。

(1) 太郎はその本**だけ**読んだ。
(2) 太郎**だけ**その本を読んだ。
(3) Taro read **only** the book.
(4) **Only** Taro read the book.

日本語の「だけ」は (1) と (2) のように修飾される語(それぞれ「その本」と「太郎」)の右側に現れるが,「だけ」に対応する英語の only は (3) と (4) のように修飾される語(それぞれ the book と Taro)の左側に現れる。これを踏まえて, (5) の英訳を考えてみよう。

(5) 太郎はその本を読んだ**だけ**だ。
(6) Taro **only** read the book.

(5) では,「だけ」が「その本を読んだ」というかたまり(=動詞句)を修飾する解釈(=「その本を読むこと以外何もしていない」)が可能である。したがって (5) を英語に訳す場合には, (6) のように動詞句 read the book の左側に only が現れることになる。ところで, (5) は「その本を」を強調して読むと (1) と同じ「その本だけ」の解釈になる。おもしろいことに, 英文の (6) も the book を強調して読むと (3) と同じ only the book の解釈になる。このように,「だけ」と only の共通性を知っておくと, 英文和訳の際にとても役に立つ。

次に, (7) や (8) のような「も」を含む日本語の英訳を見てみよう。

(7) 太郎はその本**も**読んだ。
(8) 太郎**も**その本を読んだ。
(9) Taro **also** read the book.

日本語の「も」は,「だけ」と同じように修飾される語の右側に現れる (=(7)(8))。これに対して,「も」に対応する英語の also は, それが文中のどの語を修飾しようとも現れる位置が決まっている。一般的には (9) のように動詞の直前に現れる。したがって, (7) と (8) の英訳はどちらも (9) になるのである。

　最後に,「さえ」を含む日本語の英訳を見てみよう。

(10) 太郎はその本**さえ**読んだ。
(11) 太郎**さえ**その本を読んだ。
(12) Taro read **even** the book. 　　　(cf. (3))
(13) **Even** Taro read the book. 　　　(cf. (4))
(14) Taro **even** read the book. 　　　(cf. (9))

日本語の「さえ」は (10) や (11) のように修飾される語の右側に現れるが,「さえ」に対応する英語の even は, (12) や (13) のように修飾される語 (それぞれ the book と Taro) の左側に現れる。この点, even は only と振る舞いが似ている ((3)(4) 参照)。しかし, even は (14) のように also の現れる位置に現れて ((9) 参照), 目的語を修飾する解釈 (=even the book) も主語を修飾する解釈 (=even Taro) も許す。この点, even は also とも性質が似ているといえる。つまり, even は only と also のハイブリッドの性質をもつということができる。

　日本語の「だけ」「も」「さえ」はいずれも修飾される語の右側に現れるため, それらに対応する英語 (それぞれ only, also, even) もみな同じような性質をもっていると考えがちである。しかし, 上で見たように only と also と even はタイプがまったく異なるので, 英文和訳の時にはとくに注意が必要となる。

45 その赤ちゃんは父親に似ている。
×The baby resembles to its father.
○The baby resembles its father.

---

(1) は (2) のように英訳することができる。

(1) 太郎は学校に行く。
(2) Taro goes **to** school.

日本語の「行く」は,「*学校を行く」とはいえないことから自動詞である。英語の go も*go school とはいえないことから自動詞である。「行く」も go もどちらも自動詞であるから,到着点はそれぞれ「に」(助詞) と to (前置詞) を使って表すことになる。上の (1) と (2) は, 日本語と英語の動詞の自他が同じになっている例である。

しかし, 日本語の動詞とそれに対応する英語の動詞が自他に関していつも同じになるとは限らない。(3) の英訳を考えてみよう。

(3) その赤ちゃんは父親に似ている。

「似ている」は resemble と訳せるが,「父親に」の「に」を to と訳すと, (4) のように非文法的になってしまう。これはなぜだろうか。

(4) *The baby resembles to its father.

日本語の「似ている」は,「*父親を似ている」とはいえないので自動詞である。しかし,「似ている」に対応する英語の resemble は他動詞であり目的語が必要である。前置詞句は目的語にはなれないので, (5) のような to のない文が正しい英文になる。

(5) The baby resembles its father.

(3)-(5) からわかるように, 日本語の動詞が自動詞だからといって, それに対応する英語の動詞も自動詞だとは限らない。日本語の

自動詞が英語の他動詞に対応する場合もあるのだ。

次に (6) の英訳を考えてみよう。

(6) 泥棒は警官に捕まった。

日本語の「捕まる」は，「*警官を捕まる」とはいえないので，自動詞である。しかし，英語に「捕まる」に対応する自動詞はなく，対応するのは be arrested や be caught などの他動詞の受け身形である。このことから，日本語の自動詞の中には英語の他動詞の受け身形に対応するものもあることがわかる。(6) の能動文を正しく英訳するには，(7) のように受け身文にしなければならない。

(7) The thief was arrested by the police.

(6) と (7) を比べてみると，日本語の「に」に対応する英語は by だとわかる。これは (1) や (3) の「に」の英訳とは異なっている。

上の (1) と (3) と (6) の日本語には，すべて「「に」＋自動詞」が含まれている。しかし，「「に」＋自動詞」とその英訳には，表 (8) でまとめられているようなバリエーションがあり，注意が必要である。

(8)

「に」＋自動詞	英訳	動詞の自他	「に」に対応する単語
〜に行く	go to 〜	自動詞	to
〜に似ている	resemble 〜	他動詞	なし（目的語）
〜に捕まる	be arrested by 〜	他動詞（の受け身）	by

「「に」＋自動詞」を英訳する際にとくに気をつけなければいけないことは，(i) 日本語の自動詞が英語の何に対応するのか，(ii) 日本語の「に」が英語のどの単語に対応するのかの 2 点である。

第 4 章

語用論から学ぶ和文英訳のコツ

「明日のパーティに行きますか」は Are you *going* to the party tomorrow? とも Are you *coming* to the party tomorrow? とも表現することができる。go を使うか come を使うかは話し手がどこにいるのか，聞き手がどこにいるのか，誰のパーティなのか，などの条件によって左右される。こういった，発話と発話される文脈との関係を精査することが語用論の目標の 1 つである。

語用論と統語論や意味論との大きな違いは「原則」と「規則」の違いに求めることができる。簡潔にいえば，原則とは守るべきものではあるが，それを逸脱しても必ずしも非文法的な文にならないもので，語用論特有のものである。他方，規則は必ず守らなければならないもので，破れば非文となる統語論や意味論にかかわる概念である。

つまり，語用論的な視点から発話ないし文を考えると，非文法的な文でも可能となる文脈もあれば，文法的な文でも適切とはいえない文脈もあるということになる。この章ではこのような境界線上の問題を中心に日本語を英訳する際の注意すべき事項を検討する。（以上の事情からこの章ではおもに×のかわりに？を用いることをお断りしておく。？は文脈上不適切であることを表す。）

46 (友人が結婚することをはじめて知って) えっ，そうなの。聞いてなかったわ。

?Ah, really? I've never heard of that.
○Oh, really? I've never heard of that.

　間投詞とか感嘆詞といわれる一群の語は一般に感情を表すと説明されていることが多い。なかでも英語の oh と ah は感情表現として無意識に発せられる音声がそのまま文字化されたものであるが，こういった具体的な「意味」のない間投詞は英語を学習する外国人にとって習得することが難しい。逆の立場から考えると，例えば，日本語では「あっ」とか「えっ」といった語があり，次のように用いられるが，その差を理解して使いこなせる外国人の日本語学習者は多くはないであろう。

(1) a.　あっ，車のキー忘れた。
　　b.　えっ，10時だって？

(1a) は自分がした失敗に気がついたことを表し，(1b) ではもう10時なのかという意外感が伝わってくる。この「あっ」と「えっ」は通例互いに言い換えることはできない。

(2) a.　?えっ，車のキー忘れた。
　　b.　?あっ，10時だって？

　英語の oh と ah も英語学習者にとって的確に使いこなすことが難しい間投詞の例である。この2語はよく「驚き」を表すとされるが，単純に「驚き」だけでは説明のつかない事例に遭遇することが多い。例えば，典型的な用法の1つは次のような例にみることができる。

(3) a.　Oh, I didn't know that.（えっ，知らなかった）

b.　Ah, here comes Jane at last.（ああ，ジェーンがやっときた）

(3a) は文字通りいままで知らなかった事実が判明したことを表し，(3b) はくることになっていたジェーンがやっときたことを述べている。つまり，**oh は予想外の出来事が起こったときのつなぎ語として用いられ，他方 ah は続く発話の内容を事前に予測していたという含みがある**。「予想外」と「想定内」という点で対照をなしているのである。このとき，同じ文脈で oh と ah を交換すると不自然な言い方となってしまう。

(3)　a.　?Ah, I didn't know that.
　　b.　?Oh, here comes Jane at last.

よって，タイトル文のように知らなかった事実をはじめて聞いたという状況での「驚き」をつなぎ語で表現すると，oh が適切ということになるのである。

このように考えると，目の前で交通事故が起こったときに Oh my God. と oh を用いるのは交通事故が起こるとは思っていなかったからで，そこでは ah はそぐわないということも理解できよう。

ちなみに，(1) を英語にしてみると次のような言い方が一例として考えられるであろう。

(4)　a.　Jesus, I forgot the car key.
　　b.　Oh, it's ten o'clock?

(4a) では Jesus を用いたが，この語はののしり語（swear words）とよばれており（my God も同じ語類），自分の失敗などが原因でなにか不都合なことが生じたときに文頭に添えられることが多い。また，(4b) では，oh を用いることで，もう 10 時になるとは思っていなかったという，予想外のニュアンスを伝えることができるのである。

47 (汚い子ども部屋を見て)うわっ,なにこの散らかしよう。どうなっているんだ。
　?**Girl, what a mess! What's going on here?**
　○**Boy, what a mess! What's going on here?**

　前節で間投詞の oh と ah を見たが,いずれも耳から入った音声情報を文字化したものであった。本節では,もともと英語の語彙として存在していた語が間投詞として転用された一例として boy の使い方を見てみよう。
　boy の間投詞用法はアメリカ英語起源で,*OED* (*Oxford English Dictionary*) の最初の用例は,20 世紀に入った 1917 年のものとなっている。現在でもアメリカ英語でよく用いられ,喜びや興奮した気持ちを表現するのが典型である。男性も女性も用いる。

(1) (野球を見ていて)
　　Oh boy, the Giants are going to win.
　　(わーい,ジャイアンツが勝つぞ)

さらに,タイトル文のように,失望や不快な気持ちを表すのにも使用される。

(2) (食堂で料理がなかなか出てこなくて)
　　Boy, when will/do we eat?
　　(もう,いつになったら食事にありつけるんだ)

　おもしろいことに,**boy に対して girl の間投詞用法は頻度が少ない**。アメリカ英語の口語コーパス COCA には間投詞的に使われている girl が見られるが,辞書にはまだ掲載されていないようである。
　さらに,man と woman にも同様の現象が見られる。間投詞としての man の用法は歴史的には boy よりかなり古く,*OED* の最初の

用例には 1400 年のものがあげられている。現在では広く驚き，喜びなど各種感情を表す。

(3) a. （きれいな人を見て）
    Man, how beautiful she is!
    （わーお，なんてきれいな人なんだ）
  b. （仕事の山を目の前にして）
    Man, we've got only an hour left. We need more time.
    （うわー，あと 1 時間しかない。時間が足りない）

ちなみに，woman には限られた場合を除き間投詞用法はほとんど見当たらないということも付記しておきたい。
　また，man は「名詞→呼びかけ語→間投詞」といったプロセスを経ているが，次のような例では呼びかけ語の性格も維持しているといえる。

(4) Man, don't come up behind me like that!
　　（おい，そんなふうに後ろから近づくなよ）

(4) は命令文とともに用いられているが，次のように，疑問文の前に置かれる man も同様の例と考えられる。

(5) Man, where do you come from?（で，君はどこの出身なの？）

(5) では，例えば，聞きなれないなまりから出身地が特定できなかったり，想像していた出身地ではなかったということから man が使われていると考えられる。
　間投詞は具体的な意味をもっていないので，日本語と英語の間投詞を 1 対 1 に対応させることは難しい。この節では「うわっ」「わーい」「もう」「おい」「で」などを英語の間投詞と対応させたが，具体的にどういう状況で用いられるかを考慮して 1 つ 1 つ個別に判断しなければならない。

48 加藤先生，衛の顔色が悪いよ。
?Teacher Kato, Mamoru looks pale.
○Miss Kato, Mamoru looks pale.

タイトルを付して名前をつける呼びかけ語はとくに文法的な制約があるわけではないので，あまり問題視されることはないが，日本語では当然と思われているタイトルと名前の組み合わせが英語では用いられないことがあるので注意が必要である。

タイトル文にある「先生」の問題をまず考えてみよう。日本語ではいろいろな職種に「先生」をつけて呼ぶことが多いが，ここでは学校の先生の事例としよう。**英語では「加藤先生」の直訳 Teacher Kato のように呼びかけることは普通しない**。また，日本語では「先生，先生」とタイトルだけで呼びかけることがごく普通に見られるが，英語では Teacher を繰り返すことはしない。

学校の先生で，「タイトル＋名前」に相当する言い方としては，女性，男性，既婚，未婚といった基準でタイトルが選択される。例えば，未婚女性の先生は Miss，既婚女性の場合は Mrs.，男性は一般に Mr. となる。女性の場合，最近では既婚，未婚を区別せず Ms. も用いられる。

大学の先生の場合はやや異なる使い方がある。日本語ではときどきテレビのドラマなどで「加藤教授」などと呼びかけたり第三者を指示する言い方が見受けられるが，現実には当の本人に「加藤先生，お早うございます」とは言うが，「加藤教授，お早うございます」などと挨拶することはない。

これに対し，英語では professor は呼びかけ語として次のようにごく普通に用いられる。

(1) 'Excuse me, Professor Kato, would it be possible for me to see you tomorrow.'

(「失礼ですが,加藤先生,明日お会いすることは可能でしょうか」)

Professor の下の職階は,イギリスでは順に Reader, Senior Lecturer, Lecturer となるが,いずれもそのタイトルは呼びかけ語としては用いられない。呼びかけるときは,博士号をもっている場合は Dr., もっていない場合は Miss, Ms., Mr. が基準となるが,定かでないときはとりあえず Dr. を使うことが多い。

アメリカでの大学の職階は Professor, Associate Professor, Assistant Professor, Instructor となるが,ここでも Associate Professor, Assistant Professor, Instructor は呼びかけ語には用いられない。呼びかけるとき,相手の地位がわからない場合は Dr. も使われるが,Professor を用いることも多い。

そのほか,日本語と英語で呼びかけ語としての使い方で差があるものに,親族名称がある。日本語では年少者が兄や姉を「(お)にいさん」「(お)ねえさん」と呼びかけることができるが,英語の brother や sister は日本語のように単独で呼びかけ語として使われることはまずない。なお,sister は修道女や看護師の意味もあるが,その場合は呼びかけ語やタイトルとしてよく用いられる。

一般に,家族間,親族間では first name で呼び合うが,子どもから親には Father, Dad, Mother, Mom などで呼びかける。なお,日本語では血縁関係にない人にも「おじさん」「おばさん」と呼びかけるが,英語の uncle や aunt にはそのような用法はないので注意しなければならない。

49 (医者にメタボといわれて妻に) 俺メタボだって。ダイエットをはじめなきゃ。

?I have metabolic syndrome. I have to go on a diet.
○I have metabolic syndrome. I must go on a diet.

英語の must には大きく分けて「〜しなければならない」と「〜にちがいない」という 2 つの意味があることは基本的な英語の知識の 1 つである。そのうち，前者の「〜しなければならない」の意味は have to do に言い換えることができるということも教えられている。この言い換えが必要なのは，例えば，「〜しなければならなかった」のように過去時の出来事を表現しようとするときで，must には過去形がないので，次のように had to do でいわなければならない。

(1) I had to go on a diet.
    (私はダイエットをしなければならなかった)

こういった時制にかかわる必要性から must と have to do を使い分けなければならないことがあるが，文脈上の要請からどちらか一方の語句を用いるのが自然となることもある。

一般に，**must は「話し手自らが〜しなければならない」ということを自らに課す際に使われ，have to do は「外的な要因から〜しなければならない」という状況下で用いられる**。

(2) I don't feel like eating, but I **must** eat something.
    (食べたくないけど食べなくっちゃ)
(3) I may **have to** revise the book since various new scientific facts have been discovered.
    (新しい科学的事実がいろいろ発見されたので本を改訂しなければならないだろう)

mustが使われている(2)は，例えば，手術後食欲がないので体力を回復させるためにはがんばって食べなければいけないという状況のなかでの話し手の決心を表している。一方，(3)は，新しい事実の発見という外的要因によって改訂を余儀なくされている状況がhave toでよく表されている。

タイトル文の適切性もこのことから説明できる。

(4) I have metabolic syndrome. I must go on a diet.

つまり，メタボといわれた本人がダイエットをはじめるという決心を伝えるような状況ではmustを用いるのが妥当なのである。

次に，妻が医者にいわれたことを夫に伝えるといった文脈を考えてみよう。

(5) The doctor says you have to go on a diet.

(5)のように，have toが使われると医者の話としてダイエットの必要性を夫に伝えることになる。ちなみに，このときmustを使うこともできるが，その場合妻も医者に賛同しているという含みが出てくる。

なお，have toは話しことばではhave got toの形になることが多い。さらに，くだけた言い方ではhaveが省略されてgot toとなることがある。そのこととの関連で，次のような付加疑問文も付け加えておきたい。

(6) We got to be very careful with personal information, haven't we?
(個人情報の扱いには細心の注意を払わねばね)

付加疑問のhaven't we?が生起しているのはwe gotに呼応しているのではなく，省略前のwe have gotに呼応しているからである。

50 (3人以上の子どもがいれば児童手当が支給されると聞いて) 太郎のところには3人以上子どもがいる。

?Taro has more than three children.

○Taro has more than two children.

数値を伴う英語の more than と日本語の「以上」の使い方はかなり複雑である。もっとも単純なのは「more than = 以上」という同義の関係で、次のように使われる。

(1) There are more than 100 countries in the world.
　　(世界には100以上の国がある)

ここでは普通「101以上」とはいわない。

それに対して、more than と「以上」の関係は同義ではなく、付随する数値を含むか含まないかについて違いがあると説明されることがある。つまり、日本語で「2人以上」といえばそこには「2」が含まれるが、英語で more than two と言えば、「2」は入らず、日本語で表現すれば「2人より多い」つまり、「3人以上」となるということである。

(2) Taro has more than two children.
　　(太郎のところには3人以上子どもがいる)

more than のうしろにくる数値に関して (1) と (2) の解釈が違うのはどうしてなのであろうか。

(1) と (2) のような文が用いられる文脈を考えてみよう。(1) は「世界にはどのくらいの国があるのだろう」ということが話題になっている文脈のなかで事実として記述されるような場合が典型的であろう。つまり、一種の概数表現で、1つ1つの数が大きな意味をもたないのである。

一方、(2) はタイトルの文脈説明にあるように、「3人」という数

値が決定的な意味をもつような文脈で用いられる。つまり，3人いるということが重要であり，それ以上子どもがいてもよいのである。次の例のように，more than one という表現を考えてみると数値「1」は含まれない事情がよく理解できるであろう。

(3) If there's more than one winner, the prize will be shared.
（もし優勝者が2人以上いれば賞金は等分される）

「1人」であれば賞金はその人のものとなり，等分する必要はない。よって more than one は「2人」以上であることは明白である。
　以上をまとめると次のようになる。

(4) 日本語の「X 以上」を英語にすると，必ずしも more than X とはならない。
(5) **X の数値が大きい概数表現では「X 以上」としても誤解を招かないし，それが日本語として自然である。**((1) が該当)
(6) **数値 X が小さく，1 つの数値の違いが決定的な違いをもたらす場合は「(X + 1) 以上」となる。**((2) と (3) が該当)

　なお，次はある航空会社の手荷物の重量制限についての規定であるが，数字が大きいので概数表現のように見えるが，45kg が手荷物を受け付けるか否かの厳密な境界線となっているので数値 X は含まれない。

(7) Baggage weighing more than 45kg will not be accepted as a checked baggage.

興味深いことに，(7) は次のような日本語で表現されている。

(8) 45kg を超えるものは手荷物としてはお預かりできません。

つまり，誤解を招く可能性のある「以上」という語句を避け，「超える」という表現を用いているのである。

51 (金曜日に発話したとして) 妹のジェーンが来週の月曜日結婚します。

?**My sister Jane is going to get married next Monday.**
○**My sister Jane is going to get married on Monday.**

　まず，タイトル文の 'My sister Jane is going to get married next Monday.' は決して間違いではないということをはじめに断っておかなければならない。この章の「中扉」(p. 107) でも述べたが，上の2つの文は完全に文法的な文である。

　この項のポイントは2つあり，1つは，Xを曜日表現とすると，next X とか last X は「その週のX」か「次/前の週のX」のどちらかあいまいであるといわれていることの検証である。もう1つは，日本語では「来週の」とか「先週の」のような修飾語句が必要だが，英語でも next とか last といった形容詞が必須かということの確認である。

　例えば，next Friday は来週の金曜日か今週の金曜日かあいまいといわれることがあるが，これはいつ発話するかであいまいかどうかが変わってくる。月曜日にいえば，たしかにその週の金曜日か来週の金曜日か確定できない。日曜日，火曜日，水曜日にいっても同じくあいまいであるが，木曜日，金曜日，土曜日に発話した場合は「来週の金曜日」となる。なぜならば，木曜日と土曜日ではその週の金曜日を指す場合はそれぞれ tomorrow と yesterday が通例用いられるからである。金曜日にいえばその当日を指すためには today を用いることになるのでこれもあいまいではない。タイトル文の next Monday は金曜日に発話しているが，実際にはどの曜日に発話してもその週の月曜日という解釈の可能性はなく，「来週の月曜日」という解釈しかない。last X も同じように説明することができる。

　次に，タイトル文の next Monday はなぜ Monday 一語のほうがより自然な発話となるのであろうか。

日本の英語教育の現場では,「来週のX曜日」はnext X,「先週の月曜日」はlast Xと単純に教えられるが, X単独で用いるのが自然な場合がある。例えば, 次の文を金曜日に発話したような場合が相当する。

(1) 'I saw Phil at a restaurant on Tuesday. He was with a fabulous woman.'
（「この火曜日フィルがレストランにいるところをみたの。とってもきれいな女性を同伴していたわ」）

時制が過去で金曜日に火曜日といえば, 過去の一番近い火曜日（すなわち今週の火曜日）を指すのが一般的で経済的な言い方といえる。英語では時制をもつ動詞が先行するのでことさら last をつける必要もないし, つけるとあいまいさが生じることになる。つまり, last をつけると, 今週の火曜日か先週の火曜日かあいまいとなりうるのである。

　同様の現象を違う例で見てみよう。

(2) I don't have time tonight. I'll do it first thing in the morning.
（今晩時間がないので明日の朝一番にします）

この 'in the morning' は日本語では「明日の朝」となるが, 英語では未来時を表す助動詞が先行しているので直近の朝, すなわち,「明日の朝」と解釈されるのである。（ちなみに, *OALD^8* (*Oxford Advanced Learner's Dictionary^8*) には 'in the morning' に 'tomorrow morning' の意味が与えられている。)

　以上のことから, **next/last X で next/last が付されるのは次週（先週）のX曜日であることをはっきりさせる場合で, X単独では通例発話時から一番近いX曜日を指す**とまとめることができる。

52 ('**You're ...**' といいはじめて，相手の名前を思い出せずにいいよどんでいたところ，相手に '**James Bond.**' といわれて) そうでした。**James Bond** さんでした。

?Yes, you're Mr. James Bond.
○Of course, you're Mr. James Bond.

　このタイトル文は相手の名前を思い出せないか，あるいは，まったく覚えていない次のような状況を想定している。

(1) 'Hi, how are you, Mr. er ....'
　　(やあ，ご機嫌いかがですか，Mr. ...)
　　'Mr. James Bond.'
　　(Mr. James Bond です)
　　'Of course, you're Mr. James Bond.'
　　(そうでした。James Bond さんでした)

このような場面で of course が使われると，話し手は相手の名前を忘れていたことについて自分の対面を取り繕っていると考えられる。あるいは，まったく失念していたわけではないということを強く示唆する言い方となっているともいえる。つまり，自分の落ち度であることを積極的に否定するために of course が使われているのである。

　こういった of course の使い方はとりたてて指摘されることはあまりないが，気をつけてみると同じような用法はときどき見受けられる。次の例では相手に反論する際に of course が用いられている。

(2) 'We can trust him because he told us the truth.'
　　(「本当のことを話してくれたから彼のことは信用できるよ」)
　　'He didn't say everything.'
　　(「ぜんぶは話してないよ」)

'Of course he did.'
　（「そんなことはない，話してるさ」）

これは単に相手に反論しているだけでなく，**話し手は自分の意見が正しいことを積極的に主張している**のである。of course が付されていない直前の相手の発言，'He didn't say everything.' と比べるとその違いがよくわかる。

　逐語的に訳して不自然なとき，日本語から英語に直す際に重要なのは，用いられている場面を想起することである。例えば，タイトル文の場面では「そうでした」を 'Yes.' や 'You're right.' と訳しても自然な流れの発話とはならない。そういった状況では，名前を思い出すことができない話し手がどういう気持ちでいっているのかを考えることが大事である。このとき，日本語が「そうでした。James Bond さんです。」ではなく，「そうでした。James Bond さんでした」と日本語では過去形「でした」を用いていることにも注意しよう。この事実は**忘れていたことを思い出したことを物語っている**のである。

　ちなみに，次の (3) は日本語の「もちろん」と同じように用いられる of course の用法である。

(3)　'Do you love your wife?' 'Of course, I do.'
　　　（「奥さんを愛していますか」「もちろん，愛していますとも」）

ここでは，of course が使われていることで，例えば，「どうしてそんなわかりきったことを聞くのか」といった相手の意図をいぶかる気持ちが伝わってくる。

53 (部下が上司に) すぐにお出かけになるのがよいと思います。
?**You'd better leave now.**
○**I think you should leave now.**

　英語の had better を辞書で引くと，その意味は「～したほうがよい，するほうがよい」などと書かれていることが多い。このことから日本人の学習者は相手に物事をすすめること全般に had better を用いる傾向が強いが，had better の基本的な用法は次例のように忠告することであることに注意したい。

(1) a. （面接に遅れそうな友だちに）
　　　　You'd better hurry up.
　　　　（急いだほうがいいよ）
　　b. （午後から雨という天気予報を聞いて）
　　　　You had better take an umbrella with you.
　　　　（傘を持っていったほうがよい）

「忠告」は相手がしたことやこれからすることについていさめたり諭したりすることであるので，忠告する側は相手よりも地位が高かったり目上の人物でなくてはならない。つまり，**had better を用いる基本条件は上位の者が下位の者に「～するのがよい」と忠告することであり**，部下が上司に向かって発言するというタイトル文の状況では had better は避けなければならないのである。

　なお，タイトル文に I think と should が用いられていることにも注意しよう。I think を付加すると間接性が増し，より丁寧な言い方となるので，?を付したタイトル文も次のように I think を文頭や文尾につけると丁寧さを増すことができる。

(2) a. I think you'd better leave now.
　　b. You'd better leave now, I think.

なお，(3a) のような主張文に付加された (3b) では断定する気持ちが弱くなり，控えめ表現につながるということにも注意しておきたい。

(3) a.　He isn't a person who did such a cruel thing.
　　　　（彼はそんなひどいことをするような人ではない）
　　b.　I think he isn't a person who did such a cruel thing.
　　　　（彼はそんなひどいことをするような人ではないと思います）

他方，助動詞 should は一般に「〜すべきである」という助言や忠告の意味に理解されているので丁寧表現とは直結しないと思われるかもしれない。ところが，相手にとってなにかプラスに働くようなことをいう場合はむしろ **should を用いて積極的にすすめることでより丁寧な言い方となることがある**ことも覚えておきたい。次例を電話のやり取りとして考えてみよう。

(4)　'We might come to Japan.'
　　　（「日本に行けるかもしれません」）
　　　'Great! You should visit us then.'
　　　（「わーお，そのときはぜひうちにお寄りください」）

ここは「ぜひきてほしい」という歓迎する気持ちが前面に出ている場面であり，'Will you visit us then?' とか 'Please visit us then' などの丁寧表現ではこのようなニュアンスは伝わりにくいであろう。

なお，タイトル文の 'You'd better leave now' は (5) のような否定疑問文の形式を用いても丁寧な表現となることを付記しておきたい。

(5)　Hadn't you better leave now?
　　　（今すぐお出かけになってはいかがでしょうか）

第 4 章　語用論から学ぶ和文英訳のコツ

54 (学生が先生に) こちらにきていただけませんか。
　?**Will you come this way?**
　○**Would you come this way?**

　一般に学校の現場では 'Will you ...?' という言い方は丁寧表現であると教えられている。そのようなこともあり,「... していただけませんか」という日本語を英訳すると機械的に 'Will you ...?' の形が用いられることが多い。確かに 'Will you ...?' は丁寧表現であることには間違いないが, 場面によっては用いられないことがあることに注意したい。
　結論を先にいえば次のようになる。

(1) 'Will you ...?' の形で依頼するのは, **一般に同等か地位の低い相手に対してで, タイトル文のように学生が先生にいう状況では用いられない。**

これは, will は漠然とした未来時を表すのではなく, かなり確かなことを予測するからである。例えば, 次の文を比較してみよう。

(2) a.　It will rain tomorrow.
　　　　(明日雨が降るでしょう)
　　b.　It may rain tomorrow.
　　　　(明日雨かもしれない)

周知のように, (2a) は (2b) よりも確信度の高い予測を表す。普通, 天気予報などでは (2a) が用いられる。
　次に, 二人称主語で will を用いた次のような肯定文を考えてみよう。

(3)　You will be here tomorrow at the same time.
　　　(明日同じ時刻にここにきなさい)

この文は肯定文であるが，くることが前提となっているかなり命令調の文となっている。この文も，そのようなことを命じることのできる地位にある人しか発することができない。次も同じく肯定文の例だが，感嘆符がついていることからも分かるように，かなり強い言い方である。

(4)　If you can't behave yourself, David, you will leave the table!
　　　（ディビッド，お行儀よくできないのならご飯はなしだからね！）

　タイトル文の 'Will you come this way?' は，(3) や (4) のような肯定文が疑問文になったと考えるとわかりやすい。なお，同じような状況で目上の人にいうような場合は，○をつけたタイトル文のように，will を過去形の would にして間接性を高めることによって丁寧度を増すとよい。

　ちなみに，次のような命令文につけられる付加疑問の使い方にも言及しておきたい。

(5)　Get the data by Monday morning, will you?
　　　（月曜日の朝までにデータを用意してくれないか）

この文が用いられるのは，例えば，上司が部下に指示する状況が考えられる。'will you?' を付加した (5) は確かに丁寧度は高いが，それは命令文単独のものと比べる場合である。このとき，より丁寧な，否定辞 not をつけた 'won't you?' や過去形の would を用いた 'would you?' として間接性を増すことによってより丁寧な言い方とすることができるが，やはり上司や目上に対する一般的な言い方ではないということに注意が必要である。

55 (タクシーで降り際に) おつりはとっておいてください。

?Please keep the change.
○Keep the change.

このタイトル文の日本語を英語に訳すとき，please を使ってはいけないということではないが，通常の場面では please は使わない。私たち日本人は「〜てください」と please を直接結び付けがちだが，この項では，please は日本語の丁寧語「ください」と等価ではないことを確認する。

まず，副詞 please は次のように，それぞれ文頭，文中，文尾の位置に生起することができる。

(1) a. Please take the leaflet if you like.
    (よろしければこのちらしをお取りください)
   b. May I please explain why I was late in submitting the assignment?
    (課題の提出が遅れた理由を述べてもよろしいでしょうか)
   c. Don't blame me any more, please.
    (もうこれ以上責めないで。お願いだから)

(1a) は please が文頭に置かれた例で，文中では (1b) のようにおもに動詞の前に置かれる。(1c) のように文尾で用いられる場合は「お願い」とか「どうか ... してください」のように懇願の意味で使われることが多い。

please は命令文とともに用いられることが多いが，上の (1a) のように，相手にお願いするという状況では，please は丁寧語として日本語の「〜してください」に相当する。それに対して，**決まり文句や相手に何らかの利益になるようなことを勧めるときは普通 please はつけない**。例えば，(2) のような発話には please をつける必要はない。

(2) a. Have a nice day. We'll see you very soon.
       (よい一日を。近いうちにお会いしましょう)
    b. Apple pies at that bakery are really delicious. Buy one.
       (あのパン屋のアップルパイはとってもおいしいから，買ってごらん)

(2a) の 'Have a nice day' は決まり文句であるが，(2b) の 'Buy one' は買っても「後悔しないよ」という含みがある。日本語では見られないが，英文の広告にも商品を目的語にして，'Buy British'（イギリス（車）を買おう）とか 'Use our new product'（我が社の新製品を使ってみてください），'Try this'（お試しください）などの命令文をよく目にする。これも自信をもって商品を勧めていることを表しており，買って損はないという強いメッセージが込められている。

タイトル文の 'Keep the change' も相手にとってプラスになることなので please をつける必要はないのである。ちなみに，ロンドンの街角や地下鉄の構内で 'Change, please'（小銭をお願いします）と物乞いをする姿を見かけることがあるが，この please は文尾に置かれる懇願の please である。

なお，相手にものごとを勧めるとき，命令文に Do を付加することがある。

(2) a. Do have another piece of cake.
       (ケーキをもう1ついかがですか)
    b. （コマーシャルに入る直前に）
       Do stay with us.
       (チャンネルはそのままで！)

ここでは please を使うことも可能ではあるが，do を使うことにより積極的にアピールしている姿勢が感じられる。

第4章 語用論から学ぶ和文英訳のコツ

56 (電話が遠くなって) もしもし聞こえる？
×Hello, can you listen to me?
○Hello, can you hear me?

　タイトル文の状況は電話の声が遠くなったようなときのもので，日本語では「聞こえる？」とか「聞こえてる？」に相当する。それに相当する英語表現では，タイトル文のように hear が用いられ，listen は使われない。

　知覚動詞の hear, listen は基本動詞の1つだが，間違って理解されていることがある。つまり，hear を「聞く」と置きかえる場合がよくみられるが，hear は「聞こえる」が基本義である。つまり，**自然な状態でいろいろな音が耳に入ってくるのが hear で，「聞く」ことを表すのではない**。一方，意識的に「(耳を傾けて)聞く」のが listen である。いわゆる「聴解力テスト」は listening comprehension test であって，hearing test ではない。後者は耳の「聴力検査」を連想してしまう。

　なお，電話以外で 'Are you listening?' が用いられれば「(ちゃんと)聞いてる？」の意味になるが，'Do you listen to me?' と聞くことはない。また，「聞いてる？」の意味で 'Are you hearing?' とはいわないが，'Do you hear me?' なら「聞こえてるか？」とか「(授業に集中していない生徒に向かって)話を聞いてるか？」という意味になる。とくに，次のように命令文とともに用いられると，確認したり脅迫めいた言い方にもなりうる。

(1) a.　Forget him. Do you hear me?
　　　　(彼のことは忘れるの。わかった？)
　　b.　Don't touch a thing here. Do you hear me?
　　　　(ここにあるものはどれも触ってはいけません。いいですか？)

　ちなみに，電話をしている状況では，注意したい there を用いる

118

言い方がある。例えば,英語では (2) のように,電話をしているほうを here といい,相手側を there で表す。

(2) 'It's raining again here. How about there?'
    (「今日もまた雨なの。そちらはどう？」)

(2) では「そちら」と there が対応している。「そちら」は「そこ」より丁寧な言い方であるが,この「そちら」を英語に直そうとしても,すぐには there が思い浮かばないかもしれない。つまり,there が「そこ」と対応する日本語の感覚からは,電話の相手がいる場所を there で表現することとは直結しにくいのである。

この there を使って,タイトル文の状況で日本語の「聞こえる？」に相当する言い方に 'Are you there?' がある。

(3) 'Hello, are you there?'
    (「もしもし,聞こえる？」)
    'I'm here.'
    (「聞こえるよ」)

なお,この 'Are you there?' はお互いが離れている電話の場面のほかに,相手の居場所を確認する際にも用いられる。

(4) 'Bill, are you there?'
    (「ビル,そこにいるのか？」)
    'I'm here.'
    (「ここだよ」)

このとき,'I'm here' を倒置表現の 'Here I am' でいうことも可能だが,(3) のような電話の場面では用いられない。

第4章 語用論から学ぶ和文英訳のコツ

57 （電話で 'Can you come here right now?' といわれて）今すぐ？ わかった，行くよ。

?Right now? Okay, I'm going.
○Right now? Okay, I'm coming.

　日本語の「くる」と「行く」は英語の 'come' と 'go' と一致しないとよくいわれる。例えば，タイトル文の文脈では日本語の「行く」は英語では come に対応するということは広く知られている。

　日本語の「くる／行く」の基本は次のようなものと考えられる。

(1) 話し手のところに「くる」:
　　（例）「明日9時にここにきてください」
(2) 聞き手のところに「行く」:
　　（例）「明日9時にあなたの事務所に行きます」
(3) 話し手／聞き手のいないところに「行く」:
　　（例）「明日パーティに行きますか」

上の (1) の状況では英語でも come が用いられる。

(4) Come here at nine tomorrow.

一方，タイトル文の文脈は (2) に当てはまるが，英語では日本語と異なり go ではなく come となることに注意したい。（なお，タイトル文の文脈で 'I'm going' というと，「どこか別のところへ行く」という意味になる。）

(5) I'll come to your office at nine tomorrow.

ちなみに，相手が話し手と同じ場所にいるという状況では go を使うこともできる。さらに，相手がどこにしても，'visit your office' とか 'call at your office' などとも表現できる。

　上の (3) の状況では (6) の2つの言い方が可能である。

(6) a.　Will you go to the party tomorrow?
　　b.　Will you come to the party tomorrow?

(6a)は日本語と同じくgoを使う場合で，いわば客観的な言い方になっている。(6b)は，例えば，その前にパーティについて話題になっているような場合で，そのときは英語ではcomeが用いられる。

　このような日英語の違いを単純にまとめると次のようになる。

(7)　**聞き手のところ，あるいは，話題となっているところへ「行く」場合は英語ではcomeを用いる。**

ちなみに，日本語の「入る」も話し手と聞き手との位置関係でgoとcomeが使い分けられる。

(8) a.　'May we go in?' 'No, it's still dangerous.'
　　　　（「入ってもいいですか」「いいえ，だめです。まだ危険なので」）
　　b.　'May we come in?' 'By all means! You're very welcome.'
　　　　（「入ってもいいですか」「どうぞ，どうぞ。大歓迎です」）

goが使われている(8a)では話し手も聞き手も建物の外にいる場合であるが，comeが用いられている(8b)は建物の外にいる話し手が建物の中にいる聞き手に入る許可を求めている状況が考えられる。また，次のようなusの使い方にも注意されたい。

(9) a.　Let's go right now.（今すぐ行こう）
　　b.　Let us go right now.（今すぐ行かせてください）

(9a)のusは話し手と聞き手の両者を指せるが，(9b)のusは複数の話し手のみを指し，聞き手は含まれない。

58 この件についての返事はまだいただいておりません。

?**You have not replied to this issue yet.**

○**The reply to this issue has not been received yet.**

　一般に，英語の受け身形はそれに対応する能動形があるといわれており，中学校や高校の現場では能動形から受け身形へ，あるいは，受け身形から能動形への書き換えのドリルが行われている。このような場合，能動形も受け身形も同じ意味を伝えるものという暗黙の了解のもとでなされていることが多い。ところが，タイトル文の日本語を英訳するときは受け身形のほうが妥当な言い方となる。このことを，受け身形が優先される言い方であるという観点と丁寧表現という観点から見てみよう。

　能動形と比較して受け身形が優先される状況の1つに，行為者が不明の場合がある。例えば，「この駅は10年前に建てられた」というような文を英訳するときは，誰が建てたか不明であったり，とくにそのことが話題になっているのでなければ，次のように受け身形で表現するしかない。

(1)　This station was built ten years ago.

つまり，能動形で表現することが不可能であるか，その必要がない場合である。

　受け身形が選択されるもう1つの状況を考えてみよう。例えば，次のような文で始まるテクストがあったとしよう。

(2)　There lived a family of ducks in a pond.
　　　(池にはカモの一家が住んでいた)

この文に「そのカモの一家が今朝いなくなっていた」という文を英語でつなごうとすると，既出の名詞句を受ける 'they' で始まる受け身形で表現するのが情報構造の観点から自然な流れとなる。

(3) They were found gone this morning.

つまり，旧情報である'they'を主語にすることで結果的に受け身形が選択され，それに続く記述は，例えば，いなくなったカモの去就が中心となることが予想される。ただし，もし(3)の事実を「トムが発見した」のであれば，(4)のようにいうことは可能である。

(4) Tom found them gone this morning.

このような文の流れになると，このテクストは主人公がトムで彼についての記述が主となるであろう。

　もう1つの側面，丁寧表現の点からタイトル文を見てみよう。例えば，「部屋を出るときには後片付けをして出なさい」という日本語を英語にすると，次のように2通りに表現することができる。

(5) a. You should clean up when you leave the room.
　　b. Each person should clean up when he or she leaves the room.

(5a)のように，'you'を主語にすると直接的に響くが，(5b)のように主語を不定にすると直截性が緩和され丁寧な表現となる。この観点からタイトル文を見てみよう。

(6) a. You have not replied to this issue yet.
　　b. The reply to this issue has not been received yet.

(6a)は'you'を主語にしていることから返事がないことを名指しで非難しているニュアンスが感じられる。それに対し(6b)は，**返事をする主体を表に出さないことで，まだ返事がないことの原因は**，例えば，遅配や誤配といった**郵便事情によるものといった外部要因の可能性があることを暗示する言い方**となっている。

第4章　語用論から学ぶ和文英訳のコツ　　123

59 今朝渋谷で旧友と偶然出会いました。
?This morning I ran into an old friend of mine in Shibuya.
○I ran into an old friend of mine in Shibuya this morning.

　日本語では時を表す副詞(句)は通例文頭に置かれ，動詞(句)の後にはこない。タイトル文の日本語を英語にすると，日本語の特徴に影響されて this morning を文頭にもってくるのが日本人の英語によく見られる。まったくいけないということはないが，日本語のもっているニュアンスと this morning を文頭に置いた英語のニュアンスは異なることに注意したい。(もっとも，日本語を直訳して場所の副詞句も文頭に置いた ?This morning in Shibuya I ran into an old friend of mine. はあまり見かけないが。)

　英語の時を表す副詞と場所を表す副詞が同時に生じるときの文中における位置は「主語＋動詞(句)＋場所の副詞＋時の副詞」が基本である。つまり，○印をつけたタイトル文のように，場所の副詞が時の副詞に先行する。

(1) I ran into an old friend of mine in Shibuya this morning.

ただし，場所の副詞が時の副詞に比べて情報量の多い語句の場合はその順番が逆になることがある。

(2) I ran into an old friend of mine this morning at a station in Shibuya.
　　(今朝渋谷の駅で旧友と偶然出会いました)

この例でもわかるように，「情報量が多い」というのは端的にいえば，語句が長いことであるが，このように長い，情報量の豊かな語句が文末に置かれる傾向を「文末ウエイト (end-weight) の原則」とよばれることがある。

　この基本的な語順と文末ウエイトの原則とのバランスはほかのと

ころにも適用することができる。次の (3a) と (3b) ではそれぞれ場所の副詞(句)と時の副詞(句)が2つずつ現れている。

(3) a. I ran into an old friend of mine at a station in Shibuya.
    (渋谷の駅で旧友と偶然出会いました)
  b. I ran into an old friend of mine at five this morning.
    (朝の5時に旧友と偶然出会いました)

このようなときの順番は「小さな概念＋より大きな概念」となるのが基本で，(3a) では at a station + in Shibuya，(3b) では at five + this morning となっている。つまり，駅は渋谷の一角にあり，5時は朝の一部である。

　ただし，より小さな概念や単位が情報量の多い語句である場合にはこの基本語順が破られることがある。

(4) a. I ran into an old friend of mine in Shibuya at a newly opened cosmetic store.
    (渋谷の新しく開店した化粧品店で旧友と偶然出会いました)
  b. I ran into an old friend of mine this morning at such a crowded time of eight.
    (今朝，8時という大変混雑する時間に旧友と偶然出会いました)

(4a) では会った場所が，(4b) では時間が詳しく述べられている。

　このように，**英語には文中における副詞の語順については基本原則があるが，情報量の多さ，構文上の複雑さなどの条件があればそれも変更されることになる**のである。ちなみに，'This morning I ran into an old friend of mine in Shibuya.' という文も「昨日の朝ではなく，今朝」といったような対照的な文脈とか this morning が話題となっている文脈ではごく普通に容認されることも付け加えておく。

60 (隙間から部屋の中をのぞいている人に「なにか見える？」と聞かれて) テーブルの上にワインが数本，それにチーズ，パンがある。

?There're bottles of wine and cheese and bread on the table.
○On the table there're bottles of wine and cheese and bread.

存在文としての there 構文は，ある場所に不定の物があることを表すのが基本である。次の (1) のように，文頭に there がきて，文尾に場所の副詞(句)がくるのが一般的な形式である。

(1) There are a glass, a ball, and a handkerchief on the green table.
(緑のテーブルの上にコップとボール，それにハンカチがあります)

(1) を，例えば，手品などで目の前にあるものを観客に説明している場面だとしよう。つまり，手品師にも観客にもテーブルの上になにがあるか見えている状態である。一方，場所の副詞(句)が文頭に出た状況を考えてみよう。

(2) On the green table there are a glass, a ball, and a handkerchief.
(緑のテーブルの上にはコップとボール，それにハンカチがあります)

(2) の日本語訳には「は」をつけて (1) の日本語訳と区別したが，(2) では，例えば，(3) のような文とともに用いられて，物が置かれている場所がほかの場所と対照的に提示されていることが暗示される。

(3) On the yellow table there are a bar and a balloon.
(黄色のテーブルには棒と風船があります)

(2) と (3) に比べ，(1) の there 構文は全体を見渡してどこに何が

あるかを描写している文なのである。

それに対して，タイトル文は，全体を把握しているのではなく，**目に入ってきたものから順に述べているような状況を記述している**文である。

この「全体を把握していない」ということは and 句の違いに見てとれる。例えば，はじめから3つの物 A, B, C を念頭に置いて列挙しようとする場合は，一般に A, B, and C という形式をとる。(1) の存在文はこの形式をとっているのであらかじめ A, B, C を全体としてとらえていることが示唆されている。一方，タイトル文は A and B and C と and が繰り返されている。このことは目に入る物を順次1つ1つ列挙していて，最初から全体を把握しているわけではないことを暗示しているのである。

この事実はリスト文とよばれている次のような文にも通じる。(4) では思い出しながら列挙している。

(4) (パーティに誰がきていたかと問われて)
　　 There's John and Tom and Mary and er Jane as well.
　　 (ジョン，トム，メアリー，それにえーと，ジェーンもきてました)

一般の there 構文では固有名詞などの定名詞句は主語にならないが，リスト文では可能で，場所の副詞句も不要である。また，(4) では there と is の縮約形，'there's' になっているが，主語が複数提示されていることにも注意しよう。この使い方は，there 構文全般にも通じるが，口語でよく見られる。

ちなみに，'there's' は，次のように，there と has の縮約形としても用いられる。

(5) There's been no information on this accident whatsoever.
　　 (この事件についてはこれまでまったくもって情報が入ってきていない)

第4章　語用論から学ぶ和文英訳のコツ

第5章

実務翻訳から学ぶ和文英訳のコツ

　文学やマンガを読んでいたり映画やテレビを見ていて,「この日本語は英語で表現するとどうなるのだろうか」と思ったことはないだろうか。社会人であれば,メールや報告書を英語にしようとしてうまく自分の気持ちを伝えることができず,もどかしく感じたことのあるひともいるであろう。英文づくりの基本は正しい英語をつくることにあるが,しかし実際のコミュニケーションの現場ではそれだけでは十分ではない。日本語のもつ多様なことばのニュアンスをいかに英語に移しかえていくかという翻訳技法が求められる。この章では文学,アニメ,童謡,映画やテレビの有名作品,ビジネスシーンの実際の会話や文書などから様々な日本語をピックアップし,それを「ニュアンスまできっちりと伝わる」英語にするための具体的なポイントを紹介していく。

61 ジャズって，おっさんのやるものだべぇ。

?**Jazz is the music played by middle-aged men, isn't it?**
○**Jazz should be for fuddy-duddies, eh?**

　映画『スイングガールズ』(2004) のセリフである。山形の高校の落ちこぼれ女子生徒がジャズにハマっていくストーリーで，山形弁の会話がとてもキュートだ。

　英語にも様々な「お国訛り」（方言）がある。イギリスの正式名称は The United Kingdom of Great Britain and Northern Ireland（グレートブリテン及び北アイルランド連合王国）である。この地域の共通語は英語だが，アイルランド語，スコットランド語，イングランド語（英語），ウェールズ語という4つの言語が歴史的に存在し，地域的な言語の違いはきわめて大きい。また人種や階級による言語の違いも無視できない。一方，アメリカの英語はイギリス英語とはかなり異なっている。オーストラリアやニュージーランドなど英米以外の英語もそれぞれ独自の特徴をもっている。さらにいえば，英語を第二言語とするインドやシンガポールのような国では，英語はそれぞれ独自の特徴を有している。**英語は決して一枚岩ではない。**

　英語の各方言のニュアンスを完全に日本語に翻訳することは不可能である。うえの「〜だべぇ」もそれに直接対応する表現を英語のなかにみつけることはできない。そこで今回はカナダ英語で頻繁に用いられる eh という表現を対応表現として使ってみた。

　eh（ei と発音する）はカナダ英語できわめてポピュラーな間投詞表現である。相手が自分に注意を向けているかどうかを確認するときや，肯定文の文末に加えて疑問文にするときに用いられる。日本語でいえば「ねえ」「でしょ？」「だよね」にあたるものと考えてよい。ここではそのカナダのお国訛りを，山形のお国訛りの「だべぇ」と対応させている。当たらずとも遠からじといったところだ。

　もうひとつの大きな検討点は「おっさん」をいかに翻訳するかだ。

女子高生が発したこの「おっさん」ということばは，たんに中年男性を指しているのではない。そこには「ださい」「いけてない」「あんなふうになりたくない」という暗示的な意味（コノテーション）が含まれている。

この暗示的意味を訳出するために，ここでは fuddy-duddies という表現を用いてみることにした。fuddy-duddies は fuddy-duddy の複数形で，「時代遅れの人，古くさい人，頭の固い人」という意味だ。ただしアメリカ英語の表現なので国際英語としては適切ではない。

fuddy-duddies の面白さは「ファディ・ダディ」という音あわせにもある。このような音合わせによる語は click-clack（時計が刻む音），pitter-patter（雨の降る音），dingdong（鐘の鳴る音）といった擬音語，fuzzy-guzzy（ケバケバの），hanky-panky（いんちきな）など数多く存在する。

以上のような方言の問題やコノテーションの問題，それにくだけた話し口調といった特徴を考慮せずに明示的な内容（デノテーション）だけを翻訳するのであれば，Jazz is the music played by middle-aged men, isn't it?という表現でも十分だろう。しかしそれでは日本語の「ジャズって，おっさんのやるものだべぇ」という表現がもつ豊かな表現力を根底から削いでしまうことになる。

ことばが伝えるものは，客観的事実だけではなく感性を含む人間の心の動き全体ということを忘れるべきではない。

62 飛ばねぇ豚は，ただの豚だ。

?A pig who don't fly is just an ordinary pig.
○A pig who doesn't fly is nothing but a pig.

名作アニメ『紅の豚』の主人公ポルコの名セリフである。ハードボイルドでかっこよすぎる。さて英語である。アニメの英語版ではこうなっている。

(1) A pig who doesn't fly is just an ordinary pig.

なぜ pig に使う関係代名詞が that や which でなく who かというと，ポルコが本当は人間だからだ。なるほど。

たしかにこの表現でも間違いではない。だがポルコの心情を表現するにはちょっとインパクトが足りないように思う。「飛ばない豚は普通の豚である」——あまりにも当たり前ではないか。そこでもう少しハードボイルド風に表現をアレンジしてみよう。

最初に目につくのが「飛ばない」ではなく「飛ばねぇ」という表現だ。ここに飛行機乗りポルコの男っぽさを感じるのであるが，このような口語調の助動詞表現はうまく英語にできない。

あえて訳そうとすれば，例えば doesn't fly を don't fly にする方法がある。先行詞が a pig なので標準的な文法では当然ここは doesn't であるべきだが，実際の米国英語の口語表現ではアフリカ系米国人を中心にして「三人称・単数・現在」で don't を使うケースはそれほど珍しいことではない。標準英語としては間違いだから普通は使わないほうがよいのだが，「ちょい悪」イメージを出すためにわざと使ってみる手が考えられなくはない。

(2) A pig who don't fly is just an ordinary pig.

ただしこの don't には「ちょい悪」だけでなく「下品」「知的でない」というイメージもつきまとう。「飛ばねぇ」のもつ男っぽさとは

違うといわざるを得ない。総合的にみると，ここで don't を使うのは少し無理だと判断したい。

　続いて「ただの豚だ」の部分を考えてみよう。アニメ英語版では just an ordinary pig と表現されている。「ただの」や「たんなる」にあたる英語には just や only が使われることが多いが，ここで just a pig とだけ表現してしまうと「ただの」という語があわせもっている「普通」や「平凡」のニュアンスをうまく表現できない。そこで ordinary という語を加えて「普通」や「平凡」のニュアンスを明確に出しているわけである。うまい処理だ。

　しかし just an ordinary pig と普通に書いてしまうと，「ただの豚だ」に含まれる余韻のようなものが消えてしまうのではないだろうか。あまり粋ではない。ポルコという豚はもっとクールで粋なヤツのはずだ。

　そこでほかの選択肢も考えてみよう。例えば「ただの豚だ」を「一匹の豚にすぎない」というように読み替えてすると全体は次のようになる。

(3)　A pig who doesn't fly is nothing but a pig.

　ここでの but は「しかし」の意味ではなく「〜のほかには，〜を除いては」の意味である。したがって nothing but a pig は「豚以外のいかなるものではない」という意味になる。

　このように just や only のかわりに nothing but という否定の表現を使うことで，飛ばない豚というものがいかに存在価値のないものかが，より強く表現できる。

63 月にかわっておしおきよ！
　?On behalf of the moon, I will punish you!
　○ In the name of the moon, I shall right wrongs and triumph over evil, and that means you!

　大人気アニメ『美少女戦士セーラームーン』の決めゼリフである。日本のマンガやアニメのグローバル化はすさまじい。『ドラゴンボール』『キャプテン翼』『ワンピース』などの作品は世界中の子供たちが熱中して読んでいる。『セーラームーン』も世界中で人気があり，なかでもフランスで人気が高いようだ。

　このように世界中に熱狂的ファンが数多くいることから，マンガやアニメの翻訳は一般的にレベルが高い。「月にかわっておしおきよ！」にも，かなりの数の翻訳がある。ここではそうした翻訳のうちのいくつかを検討してみよう。最初の例である。

(1)　On behalf of the moon, I will punish you!

　直訳に近いものであるが，あまりにも普通すぎて原文のもつインパクトをうまく表現できていないように思う。そこで will を shall に変えてみよう。will は自分の意思を表す助動詞であり，ここで will を使えば自分の意思で相手に罰を与えることを示すことになる。一方 shall は天や神の意思を表す助動詞であり，ここで shall を使うと自分が罰するのではなく「月」という神の化身が罰するという意味になる。この文脈ではそのほうがぴったりだろう。

(2)　On behalf of the moon, I shall punish you!

　次の例は工夫を重ねた完全な意訳である。

(3)　On behalf of the moon, I shall right wrongs and triumph over evil, and that means you!

right wrongs という表現が面白い。right が動詞で wrongs が目的語だが,「正」と「誤」のイメージを組み合わせた表現である。triumph over evil も表現として魅力がある。triumph over は「打ち負かす」の意味。evil は bad よりもはるかに強い悪のイメージだ。宗教的な意味も含んでいる。

このように大仰で強烈な表現を重ねたうえで,最後の決め文句が that means you! である。On behalf of ... の代わりに In the name of ...(... の名のもとに)という表現を使うとさらに芝居がかった表現となる。

(4) In the name of the moon, I shall right wrongs and triumph over evil, and that means you!

この翻訳はとてもよいものだが,それでも原文の意味を完全には表現できていない部分がある。原文の「おしおきよ」の最後の「〜よ」の部分だ。この「〜よ」があることで,これが女の子たちの発したことばだとわかり,そしてこうした大仰なことばを女の子ことばで発するというギャップがあってこそ,このセリフは面白いのである。翻訳された英語ではそうした面白みが出せていない。

英語には,日本語の「〜よ」「〜だぜ」「〜じゃ」のように話し手の社会的立場を明確に表す言語形式が存在しない。そのため,「おしおきよ」も「おしおきだぜ」も「おしおきじゃ」も,すべて同じ表現になってしまう。このことは日英翻訳の本質的な問題点といえる。例えば夏目漱石の『吾輩は猫である』はどの翻訳でも I am a cat. と訳されているが,「僕は猫だ」「あたしって猫よ」「わしは猫じゃ」であっても,やはり I am a cat. と翻訳せざるを得ないのである。

64 静まれ,静まれ！ この紋所が目に入らぬか！
?Be quiet! Can't you see this family crest?
○Control yourself! Behold this family crest!

ご存じ「水戸黄門」の決めゼリフである。個人的には最初から印籠を出せばよいのにとも思うが, まあ, そこはドラマである。

状況を確認しておこう。水戸黄門の一行が悪代官などの一派と乱闘をしている。そのさなかに格さんがおもむろに懐中から葵の御紋入りの印籠を取り出して悪人どもに突きつけ, このセリフを吐くのである。

ここでのポイントは水戸黄門一行が悪代官一派よりも社会的地位が圧倒的に高いことにある。したがって, 言語表現もそれにふさわしいものでなければならない。

日本語と同じく**英語でも言語表現には社会的地位が反映される**。「静まれ」を Be quiet. とするのは間違いではないが, この状況下では適切ではない。「この紋所が目に入らぬか」も Can't you see this family crest? では迫力に欠ける。日本語に翻訳すると「この紋所がみえませんか？」のイメージである。おとなしすぎて悪党どもに馬鹿にされる。なお「紋所」の訳語については「家紋」と読み替えて family crest という訳語を使ってみた。

なにしろここは黄門様の圧倒的な権威を示すところであるから「上から目線」の表現を使いたい。ではどういった表現を使ったらいいだろう。

例えば, 名作『ローマの休日』でアン王女役のオードリー・ヘップバーンは, 無意識に発することばで自分が王女であることを明らかにしてしまう。

(1) a. Please sit down. ［一般的な表現］
　　b. You may sit down. ［アン王女のことば］

(2) a.　You can go out.　［一般的な表現］
　　 b.　You have my permission to withdraw.　［アン王女のことば］

　Please sit down. と You can go out. は一般的な表現だが You may sit down. と You have my permission to withdraw. は「上から目線」の表現だ。聞き手に与える印象が大きく違う。

　水戸黄門シーンでそうした印象の違いを表すために「静まれ，静まれ」には Control yourself.（自制せよ）という言い方を使ってみたい。Be quiet にくらべてすいぶんと偉そうである。友だちに Control yourself. などといえば間違いなく嫌われる。

　「この紋所が目に入らぬか＝この紋所を見よ」の「見る」には behold という古語を使ってみたい。こうした古語は重々しさを醸し出すにはうってつけだ。

　英語表現を重々しくするには次のような表現が適切だ。

　1.　日常的でやさしい語彙ではなく非日常的で難しい語彙を使う。
　　　例：go out → withdraw，see → behold
　2.　シンプルな動詞表現ではなく複雑な名詞表現を使う。
　　　例：You can go out. → You have my permission to leave.
　3.　直接的な表現ではなく間接的な表現を使う。
　　　例：It will rain soon. → It will not be long before it rains.

　ただし，あなたが水戸黄門やアン王女でないかぎり，実際にはできるだけやさしくてシンプルな表現を使ったほうがよい。

65 ショ，ショ，ショジョジ，ショジョジの庭は
つん，つん，つきよだ
みんな出て，こい，こい，こい
×In the garden of Shojoji we can see a beautiful moon tonight. Everybody, please go out.
○Hey, hey, look at that, Look at the yard of Sho-jo-ji
  Shining, shining, moonlight's shining
  Let's go out and sing and dance!

ご存じ『証城寺の狸囃子』の出だしである。これを次のように訳したとしよう。

(1)　In the garden of Shojoji we can see a beautiful moon tonight. Everybody, please go out.

意味としてはこれで過不足なく訳されている。だが歌詞としては失格である。歌えないからだ。**歌詞は歌えなければ意味がない。**

歌詞を英語に翻訳する際のポイントは，英語の音節をメロディにうまくのせることにある。基本的な方法は，1つの音符に英語の一音節をのせていくことだ。

　ショ / ショ / ショ / ジョ / ジ
　Hey / hey / look / at / that
　héɪ / héɪ / lúk / ət / ðǽt

最初の「ショ，ショ，ショジョジ」のメロディの音符の数は5つであり，それに対する英語 Hey, hey, look at that の音節数も5つである (héɪ héɪ lúk ət ðǽt)。きっちりと対応しているので歌いやすいはずである。もし歌いにくいとすれば，それは「ルックアットザット」のようにカタカナ読みをしているからだ。カタカナ読みをした場合には5音節ではなく9音節になる。これでは歌詞がメロ

ディにうまくのらない。

　次の「ショジョジの庭は」の音符数は7つだが，対応する Look at the yard of Sho-jo-ji の音節は8つなので一致しない。しかし at the が弱アクセントの音連続なので一音節と同価にしてもよい。

　　ショ / ジョ / ジ / の / ニ / ワ / は
　　Look / at-the / yard / of / Sho / jo / ji
　　lʊk / ə(t)ð(ə) / jáəd / əv / ʃóu / dʒóu / dʒɪ

　次の「つん，つん，つきよだ」は8音節で，対する Shining, shining, moonlight's shining も8音節だ。メロディラインは壊れない。

　　つ / ん / つ / ん / つ / き / よ / だ
　　Shin/ing / shin/ing, / moon / light's / shin/ing
　　ʃáın/ıŋ / ʃáın/ıŋ / múːn / làıts / ʃáın/ıŋ

　最後の「みんな出て，こい，こい，こい」は11音節だが，対する Let's go out and sing and dance! は7音節なので音節数が足りない。そこで「みんな」の「みん」を一音節とみなしてこれを Let's にのせ，「こい」を一音節扱いにして sing にのせると，日英の音が一致する。

　　みん / な / 出 / て / こい / こい / こい
　　Let's / go / out / and / sing / and / dance!
　　lèts / góu / áut / ən(d) / síŋ / ən(d) / dæns

　歌詞の英訳は英作文の訓練であると同時に英語の音を習得するための格好の訓練でもある。まさに一挙両得だ。自分の好きな歌の歌詞を自分で英語にして，それをカラオケで歌ってみればどうだろうか。ストレス解消間違いなしである。

66 (海外での技術研修中の会話)
「(外国人研修生) これでいいですか？」
「(日本人の先生) はい，それでいいと思いますよ」
?"Is this all right?" "Yes, I think it is all right."
○"Is this all right?" "Yes, it is."

ビジネスのグローバル化が進むなか，多くの日本人が海外への技術移転活動にたずさわっている。この会話は外国人研修生に技術移転トレーニングをしているところのものだが，実際の会話では，日本人ビジネスマンは Yes, I think it is all right. といい，それに対して研修生は少し不満げな表情をしていたという。

研修生の不満の一因は I think という表現にあると思われる。彼が知りたかったのは客観的事実として自分のやり方が正しいかどうかの評価であって先生が自分のやり方についてどう考えているかということではなかった。ところが実際に戻ってきたコメントは *I think* it is all right. であった。このコメントが意味するのは先生の意見として彼のやり方が正しいということだ。主観的であって客観的でない。そのため研修生は自分のやり方が先生から客観的に正しいとは認められていないと受け取ってしまったのかもしれない。

だがこれは誤解である。この状況で日本人が *I think* it is all right. というのは「それでいいと思います」という日本語を英語に直訳したからにすぎず，実際には主観的にだけでなく客観的にもその正しさを認めているのである。

日本語では相手にストレートにことばをぶつけることを好まない。どこかにクッションをいれて間接的に表現することが好まれる。「いいです」などと言い切ってしまうと断定口調になり，日本人としては少し違和感が残る。

一方，**英語ではできるだけストレートにことばを伝えようとする**傾向が強い。そのため I think や maybe といった表現が頻繁に用い

られると曖昧さと否定的イメージを感じてしまいがちだ。日本人が「いいです」という表現に押し付けがましさを感じるのと対照的である。

　こうした誤解を避けるには，日本語の「〜と思う」や「たぶん，おそらく」と I think ... や maybe/perhaps を一対一対応させないことだ。日本語では「それはよいと思う」でも英語では It is good. にしたほうがよい。

　もちろん**英語でも婉曲表現を用いたほうがいいケースもある**。例えば相手が間違っていることを指摘する場合には，You are wrong. とダイレクトにいうよりも You might not be right. といった婉曲表現を使ったほうがいいだろう。英語のできる日本人のなかには英米文化ではストレートな表現が好まれるという点を意識しすぎるあまり，英語での表現が過剰にストレートになるケースもみられる。過ぎたるは及ばざるがごとしである。

　You are wrong. という内容に対する婉曲表現をいくつか紹介しておく。後ろのものほど表現は婉曲的になる。

1. You are wrong.
2. You might be wrong.
3. You might not be right.
4. It seems that you might not be right.
5. It would seem to me that you perhaps might not be right.

　例外はあるにしても，一般に日本人は婉曲表現を用いすぎる傾向にある。英語でのコミュニケーションではもっと自分の気持ちを明確に表現するほうがいいだろう。

67 (ビジネスメールの出だしとして)
いつもお世話になっております。
?Thank you for your continued support.
○(なにも書かないでよい)

　日本のビジネスシーンでは，電話やメールの出だしで「いつもお世話になっております」と述べることが非常に多い。まず押さえておかねばならないことは，この表現はあくまでも儀礼的なものであるということだ。すなわち実際お世話になっているかどうかとは無関係である。実のところ，はじめて電話を受けた相手から「いつもお世話になっております」などといわれると，私などは「していません」などとついつい突っ込みを入れたくなる。

　こうした儀礼的表現はどの文化にも存在するが，その使用頻度は文化によって大きく異なる。一般に日本文化は儀礼的表現の使用頻度が高く，アメリカ文化は儀礼的表現の使用が低い。ヨーロッパ文化は日米の中間に位置すると考えてよいだろう。

　では「いつもお世話になっております」という日本的な表現を英語にするにはどうすればよいだろうか。

　まず次の2点を明確にしなければならない。第一にコミュニケーションを行う相手は誰かということ。第二にコミュニケーションの目的は何かということである。

　ここではコミュニケーションの相手をアメリカ文化を背景にもつ人間だと規定し，そしてコミュニケーションの目的はビジネスだとする。この場合，この儀礼的な表現は英語にする必要がない。つまり「いつもお世話になっております」という日本語にあたる英文としては，なにも書かなくてよい。

　では「いつもお世話になっております」を以下のように述べることは常に間違いなのだろうか。

(1) Thank you for your continued support.
(2) We always appreciate your support.

　そんなことはない。たんなる儀礼ではなく本当に相手に感謝の意を表したいのならば積極的にそう書くべきである。もちろんビジネスメールであるからにはビジネスに関する内容を明確に述べたうえで，こうした感謝の意を表したほうがよい。

　同様のことがビジネスメールの文末表現にもいえる。「今後とも引き続きどうぞよろしくお願いいたします」という日本語は，もしもそれが単なる儀礼的表現であれば英語では文末の Best regards だけで十分である。

　しかし儀礼ではなく本当に今後も継続的なビジネスを望んでいるのであれば，以下のようにきっちりと述べるべきだ。

(3) We are looking forward to our future business dealings in the days ahead.
(4) I am looking forward to working with you.

　ここでのポイントは，**言語には儀礼的な機能と実質的な機能の二面性がある**ことを明確に認識したうえ，自分と相手の文化的特性に注意しながら英語表現を組み立てていくことである。

　日本文化は人間関係を重視し儀礼的な側面を重視する文化である。そのことから日本人のつくるビジネス英文は国際ビジネスのスタンダードからいえば儀礼的になりすぎる傾向がある。その意味では，少なくともビジネスの世界では，あまり儀礼的なことに気をつかわずにストレートな表現で伝えたいことを明確に述べたほうがよいだろう。

68 ご返信の程をどうぞよろしくお願い申し上げます。
　?Please send me back soon.
　○Your prompt reply would be appreciated.

　英文メールを書くときの悩みの1つにPoliteness（丁寧度）をどのレベルに設定するかということがある。できるだけ相手に失礼な印象を与えたくないと思うのは人情というものだ。大事な相手であればなおさらのことである。

　問題は，どのような状況で，どの程度の丁寧表現を使えばよいのかが，英語の場合はうまくつかめないことにある。またそれがわかったとしても，具体的に英語でどのように表現すればよいかがわからない。こうした点をクリアするための簡便な方法をここで紹介する。

　英語表現の丁寧度を決める主な要素は以下のとおりである。

英語表現の丁寧度を決める主な要素

	丁寧度が低い	丁寧度が高い
法	命令法・直説法	仮定法
表現	直接的	間接的
語彙	ゲルマン語系	ラテン語系
文構造	短くて簡潔	長くて複雑

　実例で見てみよう。いまあなたはいつもの取引相手へビジネスメールを書いているとする。内容は新規注文の問い合わせだ。その最後に「ご返信の程をどうぞよろしくお願い申し上げます」にあたる英文をつくりたい。どのような表現にすればよいだろうか。

　まずPlease send me back soon. は避けなければいけない。命令法であり，表現が直接的，ゲルマン語系語彙が用いられ，文構造が

短くて簡潔だ。丁寧度が非常に低い。

　Will you reply soon? も避けるべきである。この表現は丁寧表現の一種と捉えられがちだが，しかし実際のところは Will you ...? と直説法が用いられており，一般に考えられているよりもかなり丁寧度が低い表現である。今回のような取引先に対するメールであれば使わないほうがよいだろう。無礼と受けとられかねないからだ。

　では Will you ...? ではなく，仮定法を用いた Would you reply soon? はどうだろうか。たしかにこれは丁寧表現といえるものであり，日常的なビジネスメールならこれでもよいだろう。しかしあまり丁寧とはいえない。ここでは相手に返信という負担を強いているのだから，もう少し丁寧な表現にしたいものである。

　Your prompt reply would be appreciated. はどうか。仮定法が用いられ，受動態が使われて表現が間接的になり，さらには prompt というラテン語系語彙が用いられ，文構造もかなり複雑である。これならば十分に丁寧であるといってよいだろう。

　しかし，さらに丁寧にして It would be highly appreciated if you could reply at your earliest convenience. などと書くのは，この状況では少しやりすぎであろう。いわゆる慇懃無礼という感じになる。

　もちろん，状況が違えば話は違う。例えば社内の気心の知れあった相手へのメールであれば Please reply soon. で十分である。逆にそのようなメールに Your prompt reply would be appreciated. などとするとなにかの嫌味だととられかねない。

　基本的に時や場所や場合に見合った丁寧表現を用いることが大切である。英文ビジネスメールの場合，日本語の手紙と同様に定型の表現がいくつも用意されているので，そうした表現を暗記して利用するというのも実利的でよい方法だ。

69 警察はその事故を調査した。

?**An investigation of the accident was conducted by the police.**

○**The police investigated the accident.**

　日本語と同様に英語にも様々なスタイルがある。シンプルでわかりやすいスタイルから大仰でわかりにくいスタイルまできわめて多種多様だ。

　例えば，警察がある事件を調査したという事実を英語にする場合，以下のような様々なスタイルで表現することができる。内容はすべて同じだが，しかし読み手が受ける印象は大きく異なる。

(1) The police looked into the accident.
(2) The police investigated the accident.
(3) The police made an investigation of the accident.
(4) The police conducted an investigation of the accident.
(5) The accident was looked into by the police.
(6) The accident was investigated by the police.
(7) An investigation of the accident was conducted by the police.

　こうしたスタイルの印象を決める主な要素はなんだろうか。それは，(1) 語彙がゲルマン語系語彙かラテン語系語彙か，(2) 動詞の名詞化処理が行われているかどうか，(3) 受動態が使われているかどうか，という3点である。

文の印象を決める主な要素

	柔らかい印象	硬い印象
語彙	ゲルマン語系語彙が多い	ラテン語系語彙が多い
名詞化	あまり用いられない	多く用いられる
受動態	あまり用いられない	多く用いられる

　英語の語彙は大きく分けてゲルマン語系語彙とラテン語系語彙にわかれる。ゲルマン語系語彙は日本語の和語にあたり，英語が昔からもっていた語彙である。一方，ラテン語系語彙は日本語の漢語にあたる外来語だ。ゲルマン語系語彙が使われていれば柔らかい印象になり，ラテン語系語彙が使われていれば硬い印象になる。ここでは look into がゲルマン語系語彙で柔らかく，investigate がラテン語系語彙で硬い印象だ。

　動詞の名詞化とは，動詞に -tion, -ment などの接尾語をつけて名詞として用いることである。ここでは investigate という動詞を名詞化して make an investigation という動詞プラス名詞のかたちにするかどうかがポイントである。make はゲルマン語系の語彙だが，これを conduct というラテン語系語彙にして conduct an investigation とすると，その印象はさらに硬くなる。

　能動態の文と受動態の文では受動態のほうが一般的に印象が硬い。ここでは (5) 以降に受動態が用いられており，(1) から (4) までと比べると硬い印象になっている。

　以上の3点を考慮すると，(1) のように動詞がゲルマン語系語彙で，名詞化処理が行われず受動態になっていない表現がもっとも柔らかい印象である。一方，(7) のように動詞がラテン語系語彙で，名詞化処理が行われ，受動態になっている表現がもっとも硬い印象である。

70 石油会社の収益が回復してきた。10社のうち8社が増益，2社が黒字転換する見込みだ。

? **The earnings of oil companies are recovering. Eight of 10 companies are expected to increase profits, and the other two are expected to return to the black.**

○ **Oil companies are seeing an earnings recovery, with eight of 10 firms expecting higher profits and the rest returning to the black.**

報道記事の文である。日本の報道文と同様に英語においてもジャーナリズムの文章には独自の個性があり，Journalese（ジャーナリーズ，報道文体）と呼ばれている。その最大の特徴は無駄をできるかぎり省いて文を短くする点にある。新聞の紙面はスペースが限られており，読者もスピーディな展開を求めるからである。

具体的には，できるだけ受動態を使わないこと，関係節ではなく前置詞句や分詞句を多く使うことなどが挙げられる。そうすることで，最小限の単語数で最大限の情報を伝えようとするわけである。

この文の内容は，①石油会社の収益が回復してきた，② 10社のうち8社が増益となる見込み，③残りの2社は黒字に転換する見込みの3つに分けられる。それぞれ訳してみよう。

1. The earnings of oil companies are recovering.
2. Eight of 10 companies are expected to increase profits.
3. The other two are expected to return to the black.

2と3をつなげると次の英文になる。

(1) The earnings of oil companies are recovering. Eight of 10 companies are expected to increase profits, and the other two are expected to return to the black.

一般的な英語としてはこれで十分である。しかし報道記事としてはあまりよいものではない。もっと短くて簡潔な英語にできるからだ。冗長な原因は，①構文に工夫がない，②文が切れ切れ，③同じ表現が繰り返されている，の3点にある。そこでこれらの点を改善してみよう。

　まず構文を Oil companies are seeing an earnings recovery と SVO に変える。また increase profits を gain higher profits にして，より英語らしい表現にする。すると次のようになる。

(2) Oil companies are seeing an earnings recovery. Eight of 10 companies are expected to gain higher profits. The other two are expected to return to the black.

　次に文が切れ切れである点を改善するために，前置詞句を使って3つの文を一文にまとめる。すると次のようになる。

(3) Oil companies are seeing an earnings recovery, with eight of 10 companies expected to gain higher profits, and the other two expected to return to the black.

　最後に同一表現の繰り返しを避けるための処理を行う。

(4) Oil companies are seeing an earnings recovery, with eight of 10 firms expecting higher profits, and the rest returning to the black.

　これで新聞記事にふさわしい報道文体の英語にすることができた。

　報道文だけでなく一般文でも無駄をできるかぎり省くほうが簡潔で力強い文になる。例えば「我々がそれをすることは不可能だ」という日本語を英語する場合，It is impossible for us to do it. とするよりも We cannot do it. とするほうがよい。

第5章　実務翻訳から学ぶ和文英訳のコツ

71 春はあけぼの

×Spring is dawn.

○In spring, it must be the dawn that is the best time in a day.

いわずとしれた『枕草子』の出だしである。この後「やうやうしろくなりゆく山ぎは、すこしあかりて、紫だちたる雲のほそくたなびきたる」と続く。なんという繊細な美意識だろう。千年の時を経ても日本人の心に深くしみこんでくるのではないだろうか。

この「AはB」という文型は，いまでも広告文などでよく用いられている。「花は桜木，人は武士」「山は富士，酒は白雪」「チョコレートは明治」などである。一般的に「AはBである」ではAがトピックを示し，Bがそれに対するコメントを表す。このケースでは，そうした関係性がさらに絞り込まれ，Aがあるトピックを表し，Bはそのなかで一番の存在であることが示されている。

このようなAというトピックとそのなかの一番の存在としてのBを示す「AはB」のかたちは，英語のA is B.のかたちとは一対一で対応させることができない。

英語のA is B.は基本的にAイコールBの意味をもっていなければならない。例えばHe is a student. (He=a student)，She is beautiful. (She=beautiful) などである。ところがSpring is dawn.とするとSpringイコールdawnだということになってしまう。これは論理的におかしい。

では「春はあけぼの」を英語で表現するにはどうすればよいのだろうか。

まず「春は」をトピック化するためにIn springとして文頭におく。次に「あけぼの」が一番の存在であることを示すために「あけぼのが一番だ」という主語・述語関係で表現する。the dawn is the best of all. などだ。すると英文は次のようになる。

(1) In spring, the dawn is the best of all.

　ただ,これだけでは何のなかで一番かわからないので「一日で一番よい時間である」というように意味をクリアにする。

(2) In spring, the dawn is the best time in a day.

　さらに,「春はあけぼの」とはあくまで清少納言の意見だから,そうした主観性の表現として助動詞の must を補ってみる。

(3) In spring, the dawn must be the best time in a day.

　さらに,あけぼのこそが一番だと強調するために it ... that 構文を利用してみる。

(4) In spring, it must be the dawn that is the best time in a day.

　これで原文の「春はあけぼの」が意味するところをほぼ反映させることができた。
　だが,この英文には大切な部分が抜け落ちている。豊かな文学性だ。例えば「春はあけぼの」という表現がもつ簡潔であるがゆえの魅力が,この英文からは感じられない。
　実際の英米文学者の翻訳ではそうした点を考慮して,簡潔なかたちで「春はあけぼの」を表現している。次のとおりだ。

(5) In spring, the dawn.　　　　　　　　　　(Meredith McKinney)

これが文学としての翻訳である。

72 閑さや岩にしみ入る蝉の声

?**How silent!**
The cicada's voice
Soaks into the rocks

○**What stillness!**
The voices of the cicadas
Penetrate the rocks

俳句は日本が生み出した世界に誇る詩形式である。5-7-5という短い表現のなかに1つの確固たる世界を構築する。わびとさびの精神，省略や余白に対する美意識，自然への愛着など日本文化のもつ特徴がこの独自の言語芸術を開花させたのである。

俳句は世界中に広がっている。様々な国の様々な言語で俳句が旺盛につくられている。

上の句は松尾芭蕉の『奥の細道』の一句である。誰もが知る有名な句だけに英訳の数も多い。そのうちのいくつかをご紹介しよう。

(1) What stillness!
　　The voices of the cicadas
　　Penetrate the rocks　　　　(Asataro Miyamori)

(2) Such stillness—
　　the cries of cicadas
　　sink into rocks　　　　(Donald Keene)

(3) So still:
　　into rocks it pierces—
　　the locust-shrill　　　　(Harold Henderson)

(1) では詠嘆を表す「や」の意味を表現するために感嘆文の形式が使われている。そしてあとの2行を1文で組みたてることで（2

行目が主語，3 行目が動詞と目的語），情景と心象の描写を行っている。主語の the cicadas に the がついているのは芭蕉がこの句を詠んだ場所が山形県立石寺と特定されているからである。

　蝉の「声」には，(1) では voices, (2) では cry, (3) では shrill が用いられている。英語では蝉に「声」があるという発想がないので，一般的表現を用いるとすれば sound または noise を使うことになる。buzzing（がやがやいう，ブザーの音）などといった表現も可能だが，蝉の声が騒音やブザーの音と同様に訳されるのでは俳句にならないだろう。

　「しみいる」には，(1) が penetrate, (2) が sink into, (3) が pierce という動詞を使っている。このほか，seep into, drill into, sting into, stick into といった表現が使われている訳もある。

　ところで，この句を How silent! The cicada's voice soaks into the rocks と訳すのはどうだろうか。

　「静けさ」の訳に silent を使うのは無理である。silent は音がまったくない無音の状態を表す。セミの声が聞こえるのだから無音はおかしい。一方 still は音だけでなく動きのなさも表す表現だ。動きのない静寂さを表現するにはぴったりだろう。

　「しみいる」に soak を使うのも無理である。soak は水や液体に浸かっている状態を表す。比喩的に使うにしても蝉の声が岩に soak するのはあまりにもシュールだ。

　以上のことから，How silent! The cicada's voice soaks into the rocks. は，シュールレアリスムの詩としては成り立つだろうが，俳句としては成り立たないといってよいだろう。

73 願はくは花の下にて春死なん
そのきさらぎの望月のころ
?I want to die under the flowers in the spring
around the day of full moon in February.
○Let me die in springtime
beneath cherry trees in full blossom
when the moon is at its fullest
in the month of *Kisaragi*

　西行法師（1118-1190）の一首である。意味は「死ぬときは春の桜の下で死にたいものだ。それも満月の夜に」である。きさらぎは旧暦の2月，新暦のおよそ3月にあたる。望月（もちづき）は満月のこと。西行は1190年2月16日に本当に満月のもとで死んだそうである。

　さて英語である。直訳すると「死ぬときは春の桜の下で死にたい」は I want to die under the flowers in the spring に，「満月の夜に」は around the day of full moon in February とすることができる。

　この歌を意味の面からのみ英語にするとすれば，この英語で十分だろう。だが西行がこの一首にこめた心情がこの英語で伝わるのかといえば，疑問といわざるを得ない。これは日常のことばであって詩のことばではないからだ。

　日本語であれ，英語であれ，**詩のことばには詩のことばとしての役割がある**。それは単なる意味内容の伝達という役割を超えており，読み手の心に深く刻み込まれるものでなければならない。

　では，英語における日常のことばと詩のことばは具体的にどのように違うのだろうか。その違いをタイトルの2つの例文を比較しながら見てみよう。

　まず「願はくは ... 死なん」にあたる I want to die と let me die

を比べてみよう。I want to die は非常にありふれた表現である。重い病気で苦しんでいる人がいいそうなセリフだ。一方，let me die という表現は様々な詩に登場しており，詩的なイメージがある。この 2 つが読者に与えるイメージは大きく違う。

　次に「花の下にて，春（に）」にあたる under the flowers in the spring と in springtime beneath cherry trees in full blossom を比べてみる。under the flowers in the spring も非常にありふれた表現である。内容的にみてもこれではなんの花かがわからない。ひょっとするとチューリップの花をイメージする読者もいるかもしれない。一方，in springtime beneath cherry trees in full blossom であれば，満開の桜の花の下にいることを明確にイメージすることができる。

　「きさらぎ」を in February とするのは旧暦という観点からみて意味的にまずい。新暦だと 3 月だからだ。in the month of *Kisaragi* とすれば，そうした誤解を避けられるとともに，ある種の詩的イメージが生まれてくる。

　「望月のころ」にあたる表現だが，around the day of full moon ではたんに事実を述べているだけの表現になってしまう。これが when the moon is at its fullest となると満月の情景が目に浮かぶ。

　詩を翻訳することは確かに難しい。だがそれにあえて挑戦することで，ことばの感覚に磨きがかかってくる。自分の好きな日本語の詩を，自分なりのことばで，英語の詩にしてみればどうだろうか。

74 親ゆずりの無鉄砲で，小供の時から損ばかりしている。

?**By the recklessness of my parents' inheritance, I am only doing troubles from the time of my childhood.**

○**Since my childhood, my inherent recklessness has brought me nothing but trouble.**

夏目漱石の小説『坊ちゃん』の出だしである。英語で表現してみよう。まず，主語 (subject) を決めなければならない。誰もが最初に主語として思いつくのは「私」つまり I だろう。その場合「私は損をする」がこの文の骨格となる。英語では I lose something. / I have troubles. / I get disadvantages. などになる。

この骨格から，次のような英語ができる。

(1) Since I was a child, I have been always losing something because of the reckless character inherited from my parents.

(2) Since my childhood, with my recklessness inherited from the parents, I have always had troubles.

(3) I have been always getting disadvantages since my childhood because I inherited from my parents a reckless character.

さて「私」以外には，何が主語にできるだろうか。「無鉄砲」である。「無鉄砲が（私に）損を生じさせる」「無鉄砲が損をつくりだす」といったかたちだ。

「無鉄砲」を主語にすると次のようになる。

(4) Since my childhood, the recklessness I inherited from my parents has always caused a loss.

(5) Since I was a child, the daringness inherent from my parents

has always given me some troubles.

(6) The boldness I inherited from my parents has always disadvantaged me since I was a child.

　主語が「私」と「無鉄砲」とでは何が違うのか。文のトピックが違うのである。「私」を主語にすれば，私について何かを述べるのであり，「無鉄砲」を主語にすれば，無鉄砲について何かを述べることになる。

　基本的には，どちらをトピックとして主語にもってきてもよいのだが，書きことばとしての英語では「私」よりも「無鉄砲」をトピックにもってくるほうが一般的に好まれる。知的な英語の書きことばではⅠのような凡庸と思われる表現を主語にあまり使いたがらないからである。

　この感覚は「(俺は) 親ゆずりの無鉄砲で，小供の時から損ばかりしている」のようにトピックを最初から省略できる日本語の感覚ではなかなか掴みがたいものである。

　最後に，『坊ちゃん』の英訳書のなかからもう１つ例を紹介しておく。I am a loser. という SVC を骨格として組み立てられたものだ。

(7) A great loser have I been ever since a child, having a rash, daring spirit, a spirit I inherited from my ancestors.

(*Botchan*, Umeji Sasaki, Tuttle Pub.)

　出だしの A great loser have I been ... は I have been a great loser ... の倒置構文であり，a great loser を強調するためのものである。ただ，「俺」と自分のことを呼んでいるべらんめえ調の江戸っ子の主人公が，このような文語調のことば遣いをするとも思えないのだが。

75 智に働けば角が立つ。

?If you work with wisdom, you will make some edges.
○Excessive reasoning causes trouble.

夏目漱石の小説『草枕』の出だしの一文である。このあと「情に棹させば流される。意地を通せば窮屈だ。兎角に人の世は住みにくい」と続く。本当にその通りだ。

英語に訳してみよう。最初のポイントは,「智に働けば」をいかに処理するかである。第一に考えつくのは,日本語の「～れば」と英語の if 節を対応させることだろう。例えば「智に働く」という比喩表現を「理性的に行動する」と言い換えて act rationally とすると,「智に働けば」は If you act rationally と訳すことができる。なお,ここでの you は「総称の you」とよばれるもので,特定の「あなた」を指すものではない。次は「角が立つ」の処理である。「他人とのコミュニケーションでトラブルをもつ」と言い換えると you have trouble in communicating with others と訳せる。

まとめると次になる。

(1) If you act rationally, you have trouble in communicating with others.

しかし,これではまるで理性的であることが人間としてダメなことみたいである。そこで too を加えて「あまりにも理性的であれば」とすると,原文の意味に近くなる。

(2) If you act too rationally, you have trouble in communicating with others.

このように日本語の「れば・たら」表現を英語の if 節と対応させるのは日英翻訳の1つの定番である。実際,『草枕』の翻訳書の1つでもこのかたちが用いられている。

(3) If you work by the reason, you grow rough-edged.

(Meredith McKinney)

　そのほかにも「れば・たら」表現を英語にする方法はいくつもある。その1つが「智に働けば」（if you act too rationally）を「智に働くことは」（acting too rationally）と名詞のかたちにしてから訳す方法である。この場合には，「角が立つ」は「角を立たせる」という他動詞のかたちをとることになる。「他人とのコミュニケーションでトラブルを引き起こさせる」と言い換えて訳すと以下のようになる。

(4) Acting too rationally causes trouble in communicating with others.

　名詞的なかたちにするには，そのほかにも，to 不定詞句を使ったり（To act too rationally），語彙を完全に名詞化する（too much rationality）方法がある。

(5) To act too rationally causes trouble in communicating with others.

(6) Too much rationality causes trouble in communicating with others.

　命令文にして書く方法もある。「智に働きなさい。すると角がたつだろう」というかたちだ。

(7) Act too rationally, and you have trouble in communicating with others.

　日本語の「〜れば，〜たら」を訳すには，このように様々な処理方法がある。とくに (6) のような抽象名詞を主語にして訳すやり方は，if 節を用いる以上によく使われる手法だ。

あ と が き

　英作文の指導とは，簡単にいってしまうと，学生が書いた英文でダメなところを見つけ出し，そしてそれをチェックすることである。つまり，非文を見つけて，それがなぜ非文であるのかを学生に教えてやることである。

　医者の仕事とは，体調のすぐれない患者を前にして，体のどこが悪く，そしてその原因がどこにあるのかを突き止めてやることである。患者に対して適切な判断を下し，適切な処置なりしかるべき薬を処方してやるにあたり，医者は，膨大な医学的な知識を総動員する。同じことが英作文の指導にもいえる。

　学生の英作文をチェックするにあたって，学生がどこに躓き，どのような知識が不足していて，そしてどこがどう間違っているのかを正しく把握しようと思ったら，チェックする側には，英語に関する膨大な知識が要求される。また，和文英訳のチェックともなると，日本語に関する膨大な知識が要求される。

　ここでいう「英語に関する膨大な知識」と「日本語に関する膨大な知識」というのは，ほかならぬ，英文法に関する膨大な知識と日本語文法に関する膨大な知識のことである。さらにいうと，これらの知識というのは，理論言語学がこれまで培ってきた膨大な言語事実のことをいう。

　英作文の指導をしようと思ったら，実は，これだけの知識が必要であり，これだけの知識がないと本来できないはずであり，また，これだけの知識がないとそもそも怖くてできないものである。

　理論言語学がこれまで培ってきた知識を知り尽くしているということは，ネイティブの言語直観を体系的に，しかも理性でもって言語知識を体得していることを意味する。すなわち，英作文の指導ができる人というのは，ネイティブの作文もチェックできるぐらいの

人であることを意味するのだ。

　学生は限られた，しかも不十分な文法の知識で英作文をすることもあり，伝えたいことの半分も英語で表現できなかったりする。英作文の指導にあたる人は，まず，そこに気づいてやる必要がある。

　関係節や前置詞句を文末にもってきて，そこに焦点を当てたほうが学生のいいたいことをうまく伝えられそうなら，その時にこそ，ここぞとばかりに，外置という文法操作を教えてやったらよい。

　状態動詞であっても，ここはあえて進行形にして，一時的な状態を演出してやったほうがいいと判断したのであれば，その時にこそ，ここぞとばかりに，アスペクトについていろいろ教えてやったらよい。

　さらに，文脈から考えて，ここはあえて時制の一致を破ったほうがよいと判断したのであれば，その時にこそ，ここぞとばかりに，時制と時間の違いについて懇切丁寧に教えてやったらよい。

　文と文をつなげるにしても，情報構造についてほんのちょっとでも教えてやれば，つまり情報の新旧や情報の重要度といったことについてほんのさわりでも教えてやったら，脳に負担のかからない読み手にやさしい文章が書けるようになるというものだ。

　ダメなところを指導するだけが英作文の授業ではない。いい文をよりよくするのも英作文の指導であり，いい英作文の指導とは，なぜダメなのかの理由を，そしてなぜ外置などをしたほうがより文脈に沿った文になるのかを，学生が聞いてちゃんとわかるように解説してやることである。

　こういったまともな英作文の指導をするのに必要となってくるのが，繰り返しになるが，理論言語学がこれまで培ってきた膨大な英語（や日本語）に関する知識なのである。

　英作文の指導というと，よく耳にするのが，冠詞や主語・動詞の一致のチェックであるが，なぜそのようなチェックばかり行われるかというと，チェックする側がそれぐらいしかできないからだ。つまり，しかるべき知識を持ち合わせていないから，それぐらいの

チェックしかできないのである。

　本書をつくるにあたって，いろんな人に英作文の極意やノウハウ，そして英作文の指導で必要となるものについて聞いてみた。「この人にぜひ英作文について教えてもらいたい！」というレベルの人に限って，驚くことに，皆一様に，英作文の指導には極めて謙虚で，しかも英作文の指導の難しさを語ってくれたものである。

　英作文の指導をするにあたって必要な技量と能力，そして知識の量を知っている人は皆，誰であれ，英作文の指導についてはこのような態度をとるものであろう。英作文の指導に自信をもっている人は，少しでいいから，自分の能力にちょっとだけでいいから謙虚になったほうがいい。自分のためにではなく教えてやる学生のために。無知の知を知らぬ教師ほど害悪はないのだから。

　私の世代よりちょっと上だと，英語オタクの間で知られている英作文の本というと，佐々木髙政の『和文英訳の修業』がある。今この「あとがき」を読んでいる人のなかにも，同氏の『和文英訳の修業』にお世話になったという人がいるかと思う。

　佐々木氏の『和文英訳の修業』と同著者による『英文構成法』を読めば，英作文に関するノウハウはほぼマスターできるのではあるが，もう少し敷居を低くして，理論言語学の知見を取り入れ，それでいてもう少し汎用性の高いものをつくれないだろうか…と思ってできたのが，実は，本書『ことばの仕組みから学ぶ　和文英訳のコツ』なのである。

　さて，本書をつくるにあたって，6 人の「ことばの達人」に集まってもらった。各達人の担当箇所は次のとおりである。

　　第 1 章：　生成文法から学ぶ和文英訳のコツ
　　　　　　　（田中江扶・本田謙介・畠山雄二）
　　第 2 章：　認知言語学から学ぶ和文英訳のコツ
　　　　　　　（谷口一美・秋田喜美）

第3章： 日本語文法から学ぶ和文英訳のコツ
　　　　　　（本田謙介・田中江扶・畠山雄二）
　　第4章： 語用論から学ぶ和文英訳のコツ（内田聖二）
　　第5章： 実務翻訳から学ぶ和文英訳のコツ（成瀬由紀雄）

「小言の達人」である私の注文に（心の中で文句をいいながらも）しっかり応えてくれ，6人の「ことばの達人」には本当に頭が下がる思いである。「ことばの達人」の六人衆には心から感謝する次第である。本当にありがとう！

　また，本書をつくるにあたって，開拓社の川田賢氏にはことばで言い尽くせないほどいろいろお世話になった。私がつくりたいようにつくらせていただき，すべてを私に一任してくださり，開拓社ならびに川田氏には本当に心から感謝する次第である。

　この「あとがき」もこれで終わりにしたいと思うが，本書を完読された皆さんのなかから，たった1人でもいいから，「英作文の達人」が現れてくれたらと思う次第である。そして，その「英作文の達人」から，たった1人でもいいから，「ことばの達人」が生まれてくれればとも思っている。

　ほんと最後になるが，読者諸氏の健闘を祈る！

　春の訪れを感じながら

　　　　　　　　　　　　　　　　　　　　　　　　　　　編　者

参 考 文 献

Baker, Sheridan (1985) *Practical Stylist*, Longman, London.
Clark, Roy Peter (2008) *Writing Tools*, Little, Brown and Company, New York.
Culicover, Peter (2009) *Natural Language Syntax*, Oxford University Press, Oxford.
江川泰一郎 (1991) 『英文法解説』金子書房, 東京.
遠田和子・岩渕デボラ (2007) 『英語「なるほど」ライティング』講談社インターナショナル, 東京.
Fillmore, Charles (1997) *Lectures on Deixis*, CSLI Publications, Stanford.
藤田保幸 (2000) 『国語引用構文の研究』和泉書院, 大阪.
Grundy, Peter (2008) *Doing Pragmatics*, 3rd ed., Hodder Education, London.
長谷川欣佑 (2004) 『生成文法の方法——英語統語論のしくみ』研究社, 東京.
畠山雄二(編)(2011) 『大学で教える英文法』くろしお出版, 東京.
畠山雄二(編)(2012) 『くらべてわかる英文法』くろしお出版, 東京.
畠山雄二(編)(2013) 『書評から学ぶ理論言語学の最先端(上)』開拓社, 東京.
畠山雄二・本田謙介・田中江扶 (2007)「項と付加詞の統語的区別(上)(下)」『言語』第36巻第5号, 第6号, 92-98.
Hawkins, Roger (1981) "Toward an Account of the Possessive NP's N and the N of NP," *Journal of Linguistics* 17, 247-269.
Hinds, John (1986) *Situation vs. Person Focus*, くろしお出版, 東京.
Hopper, Vincent F., et al. (2010) *Essentials of English*, Barron's, New York.
堀江薫・プラシャント=パルデシ (2009) 『言語のタイポロジー: 認知類型論のアプローチ』研究社, 東京.
池上嘉彦 (1981) 『「する」と「なる」の言語学』大修館書店, 東京.
池上嘉彦 (1995) 『〈英文法〉を考える』(ちくま学芸文庫), 筑摩書房, 東京.

池上嘉彦(編)(1996)『英語の意味』(テイクオフ英語学シリーズ 3),大修館書店,東京.

池上嘉彦 (2006)『英語の感覚・日本語の感覚——"ことばの意味"のしくみ』(NHK ブックス),日本放送出版協会,東京.

石原真弓 (2007)『えいごアタマをつくる英会話ドリル』アルク,東京.

ジェイムズ・H・M・ウェブ (2006) 『日本人に共通する英語のミス 151』ジャパンタイムズ,東京.

影山太郎(編)(2009)『日英対照 形容詞・副詞の意味と構文』大修館書店,東京.

鎌田修 (2000)『日本語の引用』ひつじ書房,東京.

神尾昭雄 (1983)「名詞句の構造」『日本語の基本構造』,井上和子 (編),77-126,三省堂,東京.

神尾昭雄・高見健一 (1998)『談話と情報構造』研究社,東京.

柏野健次 (2002)『英語助動詞の語法』研究社,東京.

河上誓作(編)(1996)『認知言語学の基礎』研究社,東京.

岸本秀樹 (2005)『統語構造と文法関係』くろしお出版,東京.

久野暲・柴谷方良(編)(1989)『日本語学の新展開』くろしお出版,東京.

久野暲・高見健一 (2004)『謎解きの英文法 冠詞と名詞』くろしお出版,東京.

久野暲・高見健一 (2005)『謎解きの英文法 文の意味』くろしお出版,東京.

黒田成幸 (2005)『日本語からみた生成文法』岩波書店,東京.

Langacker, Ronald W. (1991) *Concept, Image and Symbol*, Mouton de Gruyter, Berlin/New York.

Langacker, Ronald W. (2000) *Grammar and Conceptualization*, Mouton de Gruyter, Berlin/New York.

Leech, Geoffrey (1987) *Meaning and the English Verbs*, 2nd ed., Longman, London.

Leech, Geoffrey and Jan Svartvik (2003) *A Communicative Grammar of English*, 3rd ed., Longman, London.

益岡隆志(編)(1993)『日本語の条件表現』くろしお出版,東京.

益岡隆志・田窪行則 (1992)『基礎日本語文法』くろしお出版,東京.

松本曜(編)(2003)『認知意味論』大修館書店,東京.

松崎久純 (2004)『英文ビジネスレター&E メールの正しい書き方』研究

社,東京.
メイナード,泉子(2009) *An Introduction to Japanese Grammar and Communication Strategies*,ジャパンタイムズ,東京.
成瀬武史(1996)『英日・日英翻訳入門』研究社,東京.
佐々木高政(1952)『和文英訳の修業』文建書房,東京.
佐々木高政(1980)『新訂 英文解釈考』金子書房,東京.
白川博之(監修)(2001)『中上級を教える人のための日本語文法ハンドブック』スリーエーネットワーク,東京.
Strunk, William Jr. and E. B. White (1918) *The Elements of Style*, Longman, London.
竹下昌男(2002)『自然な英語を書く技術「通じる」「伝わる」英語を身につけよう』はまの出版,東京.
竹沢幸一・John Whitman(1983)『格と語順と統語構造』研究社,東京.
内田聖二(編)(2009)『英語談話表現辞典』三省堂,東京.
内田聖二(2011)『語用論の射程―語から談話,テクストへ』研究社,東京.
鷲尾龍一・三原健一(1997)『ヴォイスとアスペクト』研究社,東京.
渡辺明(2009)『生成文法』東京大学出版,東京.
Williams, Joseph M. (1994) *Style*, University of Chicago Press, Chicago.
吉川千鶴子(1995)『日英比較 動詞の文法』くろしお出版,東京.
Yule, George (1996) *Pragmatics*, Oxford University Press, Oxford.
Zinsser, William (1976) *On Writing Well*, HarperCollins Publishers, New York.

索　引

1. 日本語は五十音順に並べ，英語（で始まるもの）はアルファベット順で最後に一括してある。
2. 〜は見出し語を代用する。
3. 数字はページ数字を示す。

[あ行]

アニメ　132-134
アポストロフィ s（'s）　12
「ある」　28, 29
鋳型　48, 49
イディオム　49
意図　23
意味上の順位付け　13
意味のズレ　30, 31
イメージ　155
意訳　134
受け身　22-25, 42-45
婉曲　141
音節　138, 139
女の子ことば　135

[か行]

概数表現　106, 107
書き換え　13, 16, 17, 50, 51, 53
過去形　88, 89
可算名詞　4, 34, 35
歌詞　138, 139
硬い　147
関係代名詞　3
間接性　112, 115
間接的　10, 11, 137
間接目的語　78, 79
間接話法　86, 87
感嘆詞　98
間投詞　98, 100, 101
完了　40, 41, 57-59
擬態語　57
起点　72, 73
逆接　63
客観的　140
共通項の取り出し　19
距離の違い　10, 11
儀礼的　142, 143
経験　23, 40
継続　40, 41
経路　56, 57
結果　26
ゲルマン語　144, 147
原因　26, 27

現在完了　40, 41
現在完了進行形　41
現在形　88, 89
行為動詞　39
行為の実現性　15
口語表現　132
公式　2, 3
構文　50
語順　84, 85
コノテーション　131
コメント　150
懇願の please　117

[さ行]

再分析　90, 91
詩　152, 153
使役　23, 54, 55
時間　58, 59, 61
時制　83
実質的　143
視点　22, 86, 87
自動詞　22, 24, 25, 42–44, 54, 55, 94, 95
自発　54, 55
社会的地位　136
主観　60
主観的　140
主語　7, 10, 14, 16, 21–23, 26, 27, 52, 53, 58, 156, 157
　〜と助動詞の倒置　8
主題　53, 91
主題構文　91
主体者　24, 25

受動文　53, 76, 77
小説　156
状態　31, 61
状態動詞　38, 39
状態変化　57
情報の重要度　21
省略　18–21
所在　28, 29
助詞　9, 84
所属　12, 13
所有　12, 13, 28, 29
所有格代名詞　70, 71
所有格の「の」　66, 67
所有格の 's　66, 67
進行形　38, 39
シンプル　137
心理状態　7
心理動詞　26, 27
数量名詞句　48, 49
図式　58, 61
スタイル　146
「する」言語　47
接続詞　80
前置詞　3, 48, 56, 58, 60, 61
　〜 of　36, 37
存在　28, 29

[た行]

対称動詞　53
代名詞　4, 18, 86, 87
　〜（の）one　4, 5, 66, 67
　〜の「の」　66, 67
　〜の that　5

他動詞　42, 43, 52, 54, 55, 94, 95
単語のコアな意味　14, 15
断定　140
談話標識　63
知覚動詞　10, 11, 118
着点　72, 73
直接的　137
直接目的語　78, 79
直接話法　86
直訳　134
追加情報　5
つながりの強さ　4, 5
つなぎ語　62, 63
定冠詞　34, 37
丁寧　144, 145
丁寧表現　113, 114, 122, 123
デノテーション　131
動作主　76, 77
動作の様態　6, 7
動詞　20, 21, 28
　〜の自他　95
動詞句　92
トピック　150

[な行]

「なる」言語　47
二重目的語構文　50, 51
日常的　137
認識動詞　11
能動文　53, 77
ののしり語　99

[は行]

俳句　152, 153
背景シナリオ　62
被害　22, 23
否定　17, 21
否定文　91
非日常的　137
比喩　51
比率　48, 49
不可算名詞　4, 34, 35
複雑　137
副詞　49, 56, 57, 62
　〜の位置　6
　〜の種類　6, 7
部分と全体　36, 37
文学　151
分詞　22, 26
文法関係　84
文末ウエイトの原則　124
変化　31
方言　130, 131
報道文体　148, 149

[ま行]

結びつき　2, 3, 10, 11
無生物　51
名詞　54
名詞化　146
名詞句　18, 19, 48–50
迷惑受け身　45
目的語　8–11, 19, 21, 22, 52, 58
　〜の省略　68

[や行, ら行, わ行]

柔らかい 147
様態 56, 57
与格構文 50, 51
呼びかけ語 101–103
ラテン語 144, 147
「(ら)れる」 22, 23
「〜れば」 158
話者の気持ち 6, 7

[英語]

any 16, 17
be able to 14, 15
can 14, 15
have 使役文 23
if 節 159
Jounalese 148
no 16, 17
of 12, 13
subject 156
that 節 10, 11
The +比較級, the +比較級 2
there 28, 29
there 構文 46, 47
wh 疑問文 8

[執筆者紹介] （掲載順）

田中　江扶　（たなか　こうすけ）

1971 年生まれ。信州大学教育学部　准教授。専門分野は理論言語学・語彙意味論。
　主要業績：『日英語の構文研究から探る理論言語学の可能性』（共著，開拓社），『書評から学ぶ理論言語学の最先端』（共著，開拓社），"The Locative Construction in English and Japanese" （共著，*Linguistic Analysis*, Vol. 34, Number 1-2）など。

谷口　一美　（たにぐち　かずみ）

　京都大学人間・環境学研究科　准教授。専門分野は認知言語学。
　主要業績：『認知意味論の新展開―メタファーとメトニミー』（研究社出版），『事態概念の記号化に関する認知言語学的研究』（ひつじ書房），『学びのエクササイズ　認知言語学』（ひつじ書房）など。

秋田　喜美　（あきた　きみ）

1982 年生まれ。大阪大学大学院言語文化研究科　講師。専門分野は認知・機能言語学。
　主要業績："An Embodied Semantic Analysis of Psychological Mimetics in Japanese" （*Linguistics* 48, 2010），"Toward a Frame-Semantic Definition of Sound-Symbolic Words: A Collocational Analysis of Japanese Mimetics" （*Cognitive Linguistics* 23, 2012），"Constraints on the Semantic Extension of Onomatopoeia" （*The Public Journal of Semiotics* 5, 2013）など。

本田　謙介　（ほんだ　けんすけ）

1969 年生まれ。茨城工業高等専門学校人文科学科　准教授。専門分野は理論言語学。
　主要業績：『ことばの本質に迫る理論言語学』（共著，くろしお出版），『数理言語

学事典』(共著, 産業図書), "The *So*-Inversion Construction Revisited"(共著, *The Linguistic Review*, Vol. 27, Issue 1) など。

内田　聖二　(うちだ　せいじ)

　1949 年生まれ。奈良大学教養部教授, 奈良女子大学名誉教授。専門分野は語用論。

　主要業績:『語用論の射程　語から談話, テクストへ』(研究社),『ことばを読む, 心を読む　認知語用論入門』(開拓社),『英語談話表現辞典』(三省堂) など。

成瀬　由紀雄　(なるせ　ゆきお)

　翻訳者, サイマル・アカデミー講師。
　・ホームページ：https://sites.google.com/site/naruseonlineschool/home

[編著者紹介]

畠山　雄二　（はたけやま　ゆうじ）

　1966年静岡県生まれ。東北大学大学院情報科学研究科博士課程修了。博士(情報科学)。現在，東京農工大学 准教授。専門は理論言語学。著書に『情報科学のための自然言語学入門：ことばで探る脳のしくみ』(丸善出版)，『ことばを科学する：理論言語学の基礎講義』(鳳書房)，『情報科学のための理論言語学入門：脳内文法のしくみを探る』(丸善出版)『理工系のための英文記事の読み方』(東京図書)，『英語の構造と移動現象：生成理論とその科学性』(鳳書房)，『科学英語読本：例文で学ぶ読解のコツ』(丸善出版)，『言語学の専門家が教える新しい英文法：あなたの知らない英文法の世界』(ベレ出版)，『科学英語の読み方：実際の科学記事で学ぶ読解のコツ』(丸善出版)，『科学英語を読みこなす：思考力も身につく英文記事読解テクニック』(丸善出版)，『理系の人はなぜ英語の上達が早いのか』(草思社)，『ことばの分析から学ぶ科学的思考法：理論言語学の考え方』(大修館書店)，『科学英語を読みとくテクニック：実際の英文記事でトレーニングする読解・分析・意訳』(丸善出版)がある。訳書に『うまい！と言われる科学論文の書き方：ジャーナルに受理される論文作成のコツ』(丸善出版)，『研究者のための上手なサイエンス・コミュニケーション』(東京図書)，『完璧！と言われる科学論文の書き方：筋道の通った読みやすい文章作成のコツ』(丸善出版)，『まずはココから！ 科学論文の基礎知識』(丸善出版)，『大学生のための成功する勉強法：タイムマネジメントから論文作成まで』(丸善出版)，『成功する科学論文：構成・プレゼン編』(丸善出版)，『成功する科学論文：ライティング・投稿編』(丸善出版)，『おもしろいように伝わる！ 科学英語表現19のツボ』(丸善出版)，『テクニカル・ライティング必須ポイント50』(丸善出版)，『実験レポート作成法』(丸善出版)がある。編著書に『言語科学の百科事典』(丸善出版)，『日本語の教科書』(ベレ出版)，『理科実験で科学アタマをつくる』(ベレ出版)，『大学で教える英文法』(くろしお出版)，『くらべてわかる英文法』(くろしお出版)，『日英語の構文研究から探る理論言語学の可能性』(開拓社)，『書評から学ぶ理論言語学の最先端(上)(下)』(開拓社)，『数理言語学事典』(産業図書)，『ことばの本質に迫る理論言語学』(くろしお出版)がある。また，『アスキークラウド』(アスキー・メディアワークス)で「情報収集に差をつけろ！ 英語ニュースの正しい読み方 英文読解「裏」マニュアル」を連載している。

・ホームページ：http://www.shimonoseki-soft.com/~hatayu/

ことばの仕組みから学ぶ
和文英訳のコツ

<開拓社 言語・文化選書 46>

2014 年 6 月 16 日　第 1 版第 1 刷発行

編　者	畠 山 雄 二
発行者	武 村 哲 司
印刷所	日之出印刷株式会社／日本フィニッシュ株式会社

発行所	株式会社　開 拓 社	〒113-0023　東京都文京区向丘 1-5-2 電話　（03）5842-8900（代表） 振替　00160-8-39587 http://www.kaitakusha.co.jp

© 2014 Y. Hatakeyama et al.　　　　　　　　ISBN978-4-7589-2546-4　C1382

JCOPY ＜(社)出版者著作権管理機構　委託出版物＞
本書の無断複写は著作権法上での例外を除き禁じられています。複写される場合は，そのつど事前に，(社)出版者著作権管理機構（電話 03-3513-6969, FAX 03-3513-6979, e-mail: info@jcopy.or.jp）の許諾を得てください。